商务沟通技巧

志舒◎编著

谁都聊得来

你只是不会表达，看聪明人是如何沟通的
一句恰到好处的话，可以改变一个人的命运

情商高就是能说会道
别让自己输在不会表达上

北方妇女儿童出版社
·长春·

图书在版编目（CIP）数据

商务沟通技巧：跟谁都聊得来 / 志舒编著. -- 长春：北方妇女儿童出版社，2019. 4（2019. 10 重印）

ISBN 978-7-5585-3258-0

Ⅰ. ①商… Ⅱ. ①志… Ⅲ. ①人际关系学-通俗读物 Ⅳ. ①C912. 11-49

中国版本图书馆 CIP 数据核字（2018）第 291408 号

商务沟通技巧：跟谁都聊得来

SHANGWU GOUTONG JIQIAO GEN SHUI DOU LIAODELAI

出 版 人：刘　刚
策　　划：师晓晖　魏广振
责任编辑：关　巍
排版制作：文贤阁
开　　本：880mm×1230mm　1/32
字　　数：120 千字
印　　张：6
版　　次：2019 年 4 月第 1 版
印　　次：2019 年 10 月第 2 次印刷
出　　版：北方妇女儿童出版社
发　　行：北方妇女儿童出版社
地　　址：长春市人民大街 4646 号　　邮　编 130021
电　　话：总编办 0431-85644803　　发行科 0431-85640624
印　　刷：阳信龙跃印务有限公司

定　　价：29. 80 元

前言

天天聊天，不见得你会聊天。

初遇陌生人，怎样寒暄才能不那么尴尬？

面对上司、下属、同事，怎样聊天才能游刃有余地混迹职场？

面对长辈、父母，怎样聊天才能不伤感情？

面对朋友，怎样聊天才能巩固友情？

面对爱人，怎样聊天才能永葆甜蜜？

面对孩子，怎样聊天才能和他们打成一片？

……

事实上，高情商的人，跟谁都能聊得来。

别小看聊天，语言其实是自带“魔力”的，想要让自己说的话有料、有趣，入得人心，就必须掌握聊天的语言技巧。

真诚的态度、倾听的姿态、恰到好处的赞美、适时的幽默、委婉的语气、巧妙的拒绝、含蓄的批评，这些都关乎着你的聊天质量。

一个高质量的聊天，应该是轻松愉快的，让人对你心生好感的；应该是对提升你的人际关系有所助益的；应该是能简单化解尴尬的。

现实生活中，我们会遇到这样一类人，他们是大家眼中公认的“冷场王”，本来活跃的气氛，结果他们一开口，就将聊天氛围降到了冰点。诚然，没有人天生想做“冷场王”，“冷场王”之所以会出现，就是因为他们没有掌握聊天的技巧。

很多时候，我们也会遇到“尬聊”的情况，没话找话说真的令人头疼，想要避免“尬聊”，就要学学怎样与不同的人说不同的话，怎样在不同的场合说不同的话。

本书分三部分，第一部分全面介绍了各种说话技巧，帮你的聊天锦上添花。第二部分详细地介绍了与各类人的聊天术，帮你成为与任何人都聊得来的“聊天达人”。第三部分细致地介绍了在不同的场合下该怎样说话，帮你应对各种充满紧张又重要的局面。

这本书结合了深入浅出的议论、丰富的聊天案例及各类实用的方法。

议论：晦涩、枯燥。NO，本书力求简单直白，一读就懂。

案例：不经典，不现实。NO，本书精选各类经典的中外、古今事例，力求读者能吸取圣贤和名人的智慧妙语。同时，贴近生活，收录了大量极普遍的生活小事例，还原生活百态，让读者能真正掌握应对各种情况的聊天小技巧。

方法：不全面，不实用。NO，本书提出的聊天方法面面俱到，适合各类读者，无论你是职场精英，还是职场小白；无论你是社交达人，还是“冷场王”；无论你是生意人，还是销售员……每个人都能从这本书中找到适合你的聊天方法。

做一个会聊天的人吧！从本书开始，握住话语的力量。

目录

Part1 说话“技能包”，想怎么聊就怎么聊

Part2 见什么人，聊什么话

Part3 不同的场合，说不同的话

Part 1

说话『技能包』，想怎么聊就怎么聊

▼

初次见面，开场有讲究

热情寒暄，良好沟通的开始

著名散文研究家林非先生在学术方面多有建树，许多研讨会等都会邀请他前往。某次，林非先生受邀参加全国散文研讨会，并在会议上做了散文方面的专题发言。在这次的发言中，他以这次与会的某位代表在自己房门上贴着的“请勿骚扰”这四个字为例，具体阐述了语言轻重的问题。当晚，林非先生想知道代表们对自己的发言有什么想法，就来到了那间门上贴着“请勿骚扰”字条的房间。

一推开房门，林非先生便笑着说道：“各位，我来骚扰大家了！”大家看到林非先生的到来都很高兴，马上站起来说：

“欢迎骚扰！欢迎骚扰！”房间里充满了轻松、热烈的氛围。寒暄过后，大家都踊跃地发表了自己的意见，进行了深入的探讨。

可以说，林非先生一开始便制造出愉快的氛围为这次探讨定下了良好的基调。

这句简单的话语，充分展现了林非先生在语言运用上的机智，他在谈笑间便扫除了双方的生疏感，与他人建立了良好的联系。

谈话气氛对谈话效果有重要的影响，其中，轻松、愉快的气氛是最有利于谈话的。这种气氛可能是不知不觉产生的，也可能是故意营造出来的，但不管是哪种，自然顺畅、不显生硬都是关键。聪明的说话人大多会在说话前就充分了解自己的谈话对象，并会在一开始就制造出适合交谈的气氛，帮助谈话双方尽快进入状态。

心理学研究表明，如果人们是以一种轻松、愉快的心情进行交谈，就会更容易产生包容心，更容易接受对方的观点。因此，如果谈话会以不欢而散告终，那么没能在一开始就建立一个愉快的谈话氛围，很可能是导致这种结果的原因。

如果是与对方初次见面，那么“您好”“认识您很高兴”“很荣幸见到您”就是最标准、最不容易出错的说法。想要稍微文雅一些，则可以选择“久仰”或是“幸会”之类的话语。想轻松、随意一些，则可以说“早就听某某说过您”，或是“您的大作我很早以前就拜读过”等。

如果对方是你认识的人，那么寒暄时不妨用一些亲切、具体的话语，如“上次见到您还是几个月前了”“您今天的气色真不错啊”“这是您的小儿子吗？真可爱呀”“今天真是最近难得的好天气”等。

寒暄是交谈的序曲，它定下的基调对整个谈话会产生直接影响，我们绝不能轻视寒暄。因此，我们应该了解以下几点寒暄的注意事项：

1. 热情、友善的态度。

恰当的方式和语句是寒暄的必备元素，但这些方式和语句都是基于热情、友善的态度而进行的。只有让这三者恰当地结合在一起，才能达到寒暄的目的。试想，如果对方以一种极为冷淡的态度对你说“很高兴认识你”，你会感受到对方所说的“高兴”吗？如果对方以嗤之以鼻的态度称赞你“精明能干”时，你又会有怎样的感觉？因此，寒暄时的态度是我们必须多加注意的要点。

2. 怀揣友好之意、尊重之心。

敷衍了事般地打哈哈或是戏弄对方都是寒暄的禁忌。“来了”“看您那副熊样”“才几天不见您怎么又长膘了”之类的语句也应当禁用，这些会让对方觉得你对他并不尊重。

3. 删繁就简，避免沉闷。

简单明了是寒暄的基本要求，如果像是八股文那样拖沓冗长，又有几个人能忍受下去并产生好感呢？

4. 适可而止，热情也怕太过。

无论做什么事情都要把握好尺度，寒暄也不例外。适度的寒暄可以帮助你更好地打开话题，但没完没了、过于热情的寒暄只能引起不适。善于说话的人，总是在寒暄中找到合适的契机，因势利导，进入正题。

5. 民族性和地域性值得注意。

有些寒暄用语具有十分明显的民俗性、地域性特征。例如，老北京人和人打招呼时总喜欢问“吃了吗您？”，其实就是在说“您好！”。如果你认真地回答“还没吃”或是具体描述你刚才吃了什么，那么就显得有些奇怪了。如果以之问候南方人或外国人，对方可能会认为你“要请我吃饭”“没话找话”“多管闲事”，因此而产生误会。

6. 易导致误会的寒暄语不要提。

涉及个人隐私、禁忌及私生活等方面的寒暄语都可能会引起误解。例如，一见面就戳对方的痛点，“最近是不是又失恋了?”或是“怎么药还没停呢?”等，这些都会使对方产生反感，我们要避免提及。

恰当的寒暄可以让双方更加熟悉、放松，营造一种对交谈更有利的氛围，因此，千万不要轻视寒暄。

初次相见，要掌握说话的禁忌

在社交场合我们会见到许多与我们初次相见的人，争取与这些人建立联系，就是你经营好人脉的开始。但是，很多人都难以与第一次见面的人轻松自如地交流。其实，如果能开好头，找到恰当的话题，就能打开局面。不过，想要在初次交谈中将话说得恰到好处却并不简单，这需要足够的交谈技巧，知道哪些话能说，哪些话不能说，否则你很难与之进行深入交流。

某天，林安要坐飞机到国外出差。飞机上，林安隔壁坐着的是一个英国姑娘。林安是个“自来熟”，没过多久就开始与对方聊了起来。

聊天时，林安询问对方：“你今年多大了？”

姑娘有点儿不高兴了，但还是尽量轻松地说：“你猜猜看。”

一问一答间，关于年龄的话题终于过去了，可没想到林安转而又问：“到了你这个年纪，一定已经成家了吧？”这次姑娘没有再答话了，她转过头去，不再搭理林安，直到下飞机，她们也没有再说一句话。

林安与那位英国姑娘不欢而散的最主要原因就是，她不应该一直询问对方的隐私。在国外，年龄与婚姻都是十分私密的事情，被问到的人可以直接拒绝回答这类问题。

林安就是典型的“不会说话”，初次见面没几分钟就得罪了对方，这样是不可能进行进一步沟通的。

“我姓刁，现在是玩具厂的一名工人。”一位姑娘这样自我介绍道。

“是貂蝉的貂吗？貂蝉的美人计可真是厉害，一会儿喜欢董卓，一会儿喜欢吕布，弄得他们反目成仇。”

“不是这个，是学习的习字去掉一个点的刁。”

“噢！刁德一的刁啊。电影里的人物就有姓这个的，不过那里面姓刁的都不是什么好人，不知道在现实生活里的人怎么样。”

姑娘听到这些话会有什么样的想法呢？她肯定觉得对方是在戏弄她、污辱她，之后也不会与这个人有进一步的交往。

初次相见，正是左右别人对你的印象的关键时期，一定要知道哪些话能说，哪些话不能说，让嘴上有个把门的，千万不要贪图一时的痛快信口开河，要学会尊重他人，适当讲一些对方爱听的话，这样才能让对方对你产生良好的印象，才有可能有进一步的沟通与联络。在这个故事中，如果这个人说：“刁这个姓可真是少见，物以稀为贵，大家肯定都特别喜欢你！”那么相信姑娘对这个人的印象一定截然不同。

那么，初次与人相见时，有哪些说话的禁忌呢？

1. 注意自己的身份。

与一个陌生人初次相见时，对方肯定会关注你的身份，想要了解你的身份。你的身份可能会使初次相见的人对你产生大致的猜想与期待，因此，说话时要注意让自己的动作和话语符合自己的身份。

2. 不要过于卖弄自己。

中国人都是讲究含蓄、谦虚的，很多时候，这样的态度更能展现出人的风度和内涵，过于炫耀、卖弄只会让对方，尤其是初次见面的陌生人，对自己产生反感。即使我们的确在某方面有所建树或者优于常人，也不能说明你总是出类拔萃的，况且，在初次见面的人面前说起这些其实无任何意义。

3. 不要总是抱怨。

初次见面，不要自己抱怨个没完。许多人喜欢四处宣扬自己对生活的不满，这样实在很容易引起别人的反感，更何况对方只是一个与你初次见面的人。谁会想要听那些破坏心情的唠叨和抱怨呢？你的这种行为只会让对方觉得你是一个啰唆、消极的人，不会产生继续与你交往的念头。因此，不停地抱怨不会让人产生同情，它只能引起对方的厌烦。

4. 不要信口开河。

很多情况下，有些品位不高或者知识有所欠缺的人，为了掩饰自身的缺陷或是显示自己，就会信口开河、夸大事实。这样的话说得越多，就越容易被别人戳破。而一旦被别人察觉，别人就会对他们产生不信任感，不会与之进行深入交往。

5. 不随意打断对方。

当你在表达自己的想法时，如果有人不断地打断你的话语，你会产生怎样的想法呢？想必你就不想继续说下去了吧。随意打断别人的话是一种十分不礼貌的行为，很容易让对方对你产生反感。如果你有与对方不同的意见，也完全没有必要一定要马上打断对方，说出自己的想法，等对方说完再阐述自己的观点也不会损失什么。因此，如果你不想引起对方的反感，就一定要注意这个问题。

6. 不要左顾右盼。

注视对方、认真倾听对交谈有很重要的作用。交谈时，神情应专注，表情应自然，语言应亲切，表达应得体，双目应注视着对方。在交谈时左顾右盼或处理毫不相关的事务，会让对方认为你不重视他，也就不想继续与你交谈了。

7. 把握好开玩笑的分寸。

玩笑能够活跃气氛，消除陌生感，使自己显得更亲切，有利于感情的交流。因此，与初次相见的人开一些玩笑是一种良好的说话方法。可是，我们一定要注意把握好开玩笑的分寸，保证玩笑在对方的接受范围内，毕竟因不恰当的玩笑而害人害己的事情屡见不鲜。

8. 绕开敏感话题。

有些话题十分敏感，你对此有足够的了解吗？如果忽视了这些细节，你可能会在不知不觉间得罪对方。例如，政治见解、个人隐私、宗教信仰等问题都十分敏感。谈论这些问题，多多少少会带有一些“评价对方”的感觉，因此，我们在初次与他人相见时，最好避免谈这类问题。

▼

别光顾自己说，而忘记倾听

倾听，是一种难得的修养

倾听是一种礼貌，是最好的恭维，能表现出对说话者的尊敬和赞美；倾听是一种难得的修养，能获得对方的赏识与信赖。

每个人都希望被尊重，被重视。当我们兴致勃勃地说着一件事时，对方不仅毫无反应，还总是三番五次打断我们，这就会使我们有一种不被尊重的感觉。倘若对方专心致志地倾听，那么必然会使我们心情舒畅，觉得对方格外亲近。

顾远是林州的朋友圈中最受欢迎的人士之一。他经常受到他人的邀请，参加各种聚会和娱乐活动。一天晚上，林州在一个朋友举办的小型社交活动中发现顾远正和一位年轻漂亮的女士坐在角落里。林州一直都对顾远的交际方法很感兴趣，因此便悄悄地观察着他们。林州发现那位年轻女士一直在说，而顾远只是时不时点点头、笑一笑，偶尔附和两句，仅此而已。几个小时后，年轻的女士微笑着同顾远告别，还留下了联系方式。

林州见状便走到了顾远身旁，禁不住问道：“刚才那位年轻漂亮的女士好像完全被你吸引住了。我发现你在聊天这方面可真有一手。快说说，你是怎么抓住她的注意力的？”

“很简单。”顾远说，“见面后我只是对她说：‘你的手真漂亮，配上这只手镯更是锦上添花。我看你这只手镯很独特，是在哪买的呢？’

“她说是在拉萨，是去年到拉萨旅游时买的。

“于是我告诉她，我一直有想去拉萨的愿望，但至今还未实现，让她给我讲讲拉萨的故事。

“于是，我们就找了个安静的角落，接下来的时间她一直在说拉萨的故事。

“临走前她告诉我，说她很喜欢和我聊天，有一种很轻松的感觉，认为我是一个可深交的朋友。但说实话，我整个晚上基本没说话。”

这就是顾远受欢迎的秘诀。其实很简单，顾远只是给对方一个说话的机会，而他则全神贯注地倾听。倘若想受到周围人的欢迎，万万不可将话题只围绕自己一人展开，多谈谈对方的兴趣、爱好、事业、成功等，对方才会有被重视的感觉。

实际上，大部分人表达自己的观点和情感并不是为了获得别人的认同，只是为了宣泄自己的情绪。一旦他们有了表达的机会，将自己的情绪发泄出来，心情就会变得舒畅，自然就会喜欢与你聊天。所以，倾听能在心理上给予对方安慰，打动人心，增加亲近感。

对于销售员来说，倾听更是重要。很多时候，你倾听的时间越久，对方就越是愿意接近你。相反，说得越多，顾客可能越厌烦。

洛城是一家家具城的销售员，有一次经理派洛城前去拜访一位曾经买过他们家家具的商人。见面时，洛城递上自己的名片，说："您好，我是XX家具城的推销员，我叫……"

谁料，自我介绍还没有说完，顾客便严厉地打断了洛城的话，并开始抱怨当初买家具时的种种不快，如"家具的价格同比其他商场要贵""服务人员的态度不周到""送货上门的时间不及时"等。

顾客一直在数落着洛城所在的家具城的服务，洛城只好满脸歉意地站在一旁，安静、认真地听着，没有发表一句话。

等到顾客将所有的不满全都发泄出来后，洛城顺势递过一杯水。顾客喝完水后才发现眼前的这个推销员好像很陌生，并不是上一次为他服务的那一个。他顿时感到有些歉意，于是对洛城说：“小伙子，你贵姓呀？别一直站着了，坐下吧。你们那有没有好一点儿的酒柜，你给我推荐推荐吧。”

当洛城离开时，已经兴奋得难以自抑，因为那位顾客不仅购买了一个高端酒柜，还将洛城推荐给了他的朋友。

从洛城见到顾客到最后酒柜成交，他说的话并不多。这一单完成的关键就是在于洛城懂得倾听，没有滔滔不绝地讲自家产品如何如何好，而是引导顾客说出自己的购买意愿，向顾客表达了自己对他的尊重。

苏格拉底说过：“上天给予我们一个舌头，却给了我们一对耳朵，所以我们听到的话比我们说的话多两倍。”在适当的时候，让我们的嘴巴休息一下吧，动起自己的耳朵，多听听顾客的话。学会倾听才能得到所有，才能双方受益。

那么在倾听时需要注意哪些问题呢？下面我们来讲解一下：

1. 选择好交谈所坐的位置。

如果是和顾客交谈，尽量避免与顾客面对面而坐，面对面的交谈方式会让顾客有谈判对立的感觉；尽量避免让顾客面对门或者窗，这样的位置顾客容易被外界吸引，容易分心，最好让顾客面壁，以保证顾客的眼睛只注意到你，不受干扰。

2. 眼睛勿要左顾右盼。

在交谈时，不要左顾右盼，这样的举动会让顾客有不被尊重的感觉。但是也不要眼睛直勾勾地盯住对方眼睛，最好注视对方鼻尖或前额。还要注意眼神应温和有礼。

3. 点头和微笑必不可少。

顾客谈论时，点头会起到事半功倍的效果，顾客会觉得你在认真思考他说的话。微笑会拉近两个人之间的距离。

4. 不要随意插嘴或打断对方讲话。

不插嘴有三大好处：让对方感觉良好；让对方多说，以获得更多有用信息；让对方说完整。

5. 不明白的地方见机追问。

追问有两大好处：使你尽可能听懂他的意思，让你“捕获”更多信息；让对方觉得你听懂了。

听，就要听出弦外之音

倘若你是一名领导，下班时你听见有职员向同事抱怨：“我快要累死了！最近几个晚上我都加班到十点钟才回家，今天还要加班呢！”这个时候，你应该知道，职员并不是随意抱怨的，你应该仔细想想他所说的话的弦外之音。从中找出隐含的讯息，并做好应对。

那个职员可能在向你传达这样一个意思：“我最近的工作量实在很大，迫切需要别人帮忙。我知道我有责任做完公司指定的任务，如果我向上级反映我需要帮忙的话，公司就会认为我没有能力做好这份工作。所以，我不想直接说出来，只好以这样的方式间接告诉你，最近工作量太大了。”

或许他想表达的意思是这样：“上次公司总结职员成效时，你说希望每个人都更加努力工作。现在我每天加班到晚上十点钟，就是按照你的指示去做的，想要你看到我的努力。”

也或许他是这样想的：“公司最近有裁人的意思，我有点儿担心，怕公司辞退我，我之所以这样说就是为了让你知道我尽职尽责。”

还或许隐含着一个这样的讯息：“我希望你听到我说的话可以拍拍我的肩膀，并对我说：‘你的工作能力很出众，工作态度端正，加油！’”

说话者无法直接面对面地表达自己的意思便采用弦外之音，他需要一个聪明的听话者领会他话中的意思，就像上述的下属一样，采用弦外之音间接向领导传达自己的意愿。

倘若没有人注意到说话者的隐含讯息，说话者就会以无可奈何的态度表达自己的意思，这个时候所表达的意思或许就不再是真正的意愿。真正的意愿需要从他的“弦外之音”中去发掘。就如上述所说的职工“喊累”，也有可能是他认为公司没有前途，或者晋升空间较小。领导没有听懂职员的弦外之音，职员也没有得到肯定的回馈，因此就会寻找一个容易表达的原因来说，但那并不是真正的原因。

毫无疑问，人际交往中有太多的言外之意。很多人不便太直接、太露骨地表达自己的想法，因为需要考虑到各个方面，如批评人不能伤了对方的自尊，给领导提建议不能让对方失了脸面，你有难言之隐但又不能不顾全大局，事情紧急但涉及商业机密要打暗语……

那么究竟怎样才能做到听出对方的言外之意呢？以下几种方法或许会对你有所帮助：

1. 找准对方的真正意图。

从对方说的话中听出真正的意图、愿望、设想、期望、价值观、观点等。或许这些你并不能接受，但要做到尽力去理解它，只有这样，才能保证交谈顺利进行下去。

2. 认真思考对方的语言。

同样的话从不同的人嘴里说出来以及对不同的人说，都会有不同的含义，因此要认真思考这些话的隐含意义。就算是同一词语在父母和子女之间也会有天上地下的差别。当相互交往的两个人理解方式不同的话，就会引起较大的误会，甚至会造成难以想象的后果。

3. 注意非语言暗示。

除了用语言表达自己的意思以外，还能够用非语言信息来传达，如手势、腿部动作、面部表情、声调、眼神等，这些非语言信息同样是传达语言的重要组成部分。仔细观察、倾听并综合分析这些信息，看和听同样重要。市场上有大量关于身体语言的书籍，我们可以借鉴它们，但也要注意并不是所有的场合都适用，在人际交往中还需要根据文化背景和个人风格来帮助了解。

所以，作为听话的一方，想要认真摸索、仔细思考其中暗含的意义，明确他人心理，并从中掌握方法、积累经验，只有这样才会真正理解别人的弦外之音。

▼

与人聊天，真诚最受宠

心诚能使石头开花

人们常说："心诚能使石头开花。"真诚是沟通我们与对方心灵的桥梁。因此，我们应该秉持着真实、真诚的态度与对方沟通、交流，这样才能收到良好的效果。

一个商人曾在某公司购进15万元的货物，但是还没有将尾款付完。这天，这位商人怒气冲冲地来到了这家公司总经理的办公室，告诉总经理，这家公司里的员工对他屡次冷眼相待，自己对这家公司失望了，所以他不但不会再付尾款，而且之后也绝对不会再购买这家公司的任何一样产品。总经理听完他的话，态度温和地说："谢谢您特地来把这件事告诉我。您真是帮了我的大忙，如果我们公司的员工对您的态度不友善，那么他们对别的顾客的态度可能也会不尽人意，这就太不幸了！请相信我，您的反馈对我有很大帮助。”

随后，总经理又真诚地说：“鉴于您提供给我这样重要的信息，您的尾款我们就不再收取了。既然您不想继续购买我们的产品，我可以向您推荐一些其他公司的产品。”这位商人怎么也没想到他以发泄的心理来到这里，却受到了这样真诚、恳切的礼遇。这种诚意完全征服了他，他也因此成了这家公司的忠实顾客。

总经理以真诚、恳切的话语进行耐心的劝说，最终打动了对方，改变了对方的想法，不仅不动声色地化解了一场很可能产生的冲突，还为公司赢得了一位忠实顾客，实在是非常高明。当我们带着真诚与人沟通、交流时，对方会更容易获得亲切感。态度真诚，是使对方感受到尊敬与重视的极好的方式。如果你能够做到，那么你的聊天就会发挥出更好的效果。

一位妻子十分渴望在生日时得到一颗钻戒。但是丈夫独自在外打拼也不容易，不好勉强他满足自己的愿望。于是，妻子委婉地对丈夫说：“老公，今年你就不要给我买生日礼物了，好吗？”

听了这话，丈夫很吃惊，问道："怎么了？"

妻子没有说什么，只是轻轻地叹了口气。丈夫感到有些莫名其妙，又说："咱们结婚这么久，我每年都会给你送生日礼物，今年为什么不送？你想要什么，就告诉我吧。"

话音刚落，却听妻子说："明年你也别买礼物了。"

"啊?!"丈夫张大嘴巴，简直不敢置信。

"老公，我是这样想的。"妻子轻声说，"你把给我买礼物的钱存起来，等几年之后，就能买到一颗小钻戒了。"

听了妻子的话，丈夫愣住了，随后一把将妻子搂入了怀中，没有再说些什么。

妻子生日那天，她的丈夫还是将礼物送给了她，那就是她梦寐以求的钻戒。

丈夫能够真的去买来钻戒送给妻子，主要是因为妻子是秉持着一颗真诚的心与他沟通的。如果这位妻子态度不真诚，张口就让丈夫给自己买钻戒，那么很可能不但丈夫不会满足她，反而会引发争吵，让夫妻之间产生隔阂。因此，我们在与人聊天时，除了采用一些交际策略外，也要保持一个真诚的态度，这样才能实现你的目的。

事实上，无论何时何地，我们在与人聊天时都要有一个真诚的态度，这样才能使对方理解你、认同你。

心理品质与一个人是否能真诚待人密切相关，一个真诚的人必然会拥有良好的道德品质和健康的心理素质。可以说，真诚无法伪装，它是个人气质最真实的展现。真诚的人能够虚心接受别人良好的意见，也愿意为别人的困惑提出中肯而实在的建议。谦虚恭谨是真诚的人所拥有的特征，高傲自满的人不可能对他人表现出应有的尊重，更不可能是一个真诚的人。想要成为一个真诚的人，一定要提升自身的修养，心术要正，摒弃所有邪念和不正当的想法，这样，说出来的话才会让人感到真诚。有了真诚的态度，对方也会更乐意与你聊天。

不难发现，很多成功者在向着成功奋斗时并不会恃才傲物，反而会以真诚的态度求教于他人，吸取前人的经验。这种真诚待人的态度的确是一种通往成功的捷径。

大量事实告诉人们，很多情况下，真诚是最明智的沟通方式。如果我们能真诚待人，就会更接近成功。

将心比心是一种良好的处世之道，其实，与人聊天也是如此。在与人聊天时，我们只有真诚以待，对方才会报以真诚。

用真诚之心来为你的魅力值加分

真诚，其实就是诚挚、守信，也就是说，说话人所说的言辞应该是诚恳、真挚且有信用的。

说话的魅力，不是在于说得多么花团锦簇，也不是在于说得多么流畅自如，而是在于是否能以真诚的态度来表达。无论是说话者还是听话者，真诚的语言对其都极其重要，语言魅力在于真诚，与人沟通，贵在真诚。

晏殊步入仕途后，天下太平，国家无事。因此，每逢假日，京城的大小官员们都会在外面宴饮游乐。由于家境贫寒，没钱出去享乐，因此晏殊只好在家里和兄弟们闭门苦读。

某天，真宗突然钦点晏殊来辅佐太子读书，大臣们都因为这个突如其来的消息困惑不已。真宗解释道：“近来大臣们都经常外出宴饮游乐，只有晏殊与他的兄弟们每天闭门读书，这样自重谨慎的人，想必就是最合适的人选了。”

晏殊上任后，有了得见真宗的机会。真宗将选择他的原因告诉了他，可没想到晏殊却说：“其实我并不是不喜欢游玩，只是因为家里贫穷没有钱玩乐。倘若我有钱，我也早就跟其他人一样四处宴饮游乐了。”听完晏殊的话后，真宗更加欣赏晏殊的真诚，对他的信任也日渐加深。

由此可见，真诚是多么重要。倘若你能以得体的语言来显露你的真诚且对方可能会因此而喜欢上你说的话，你们就有了一个良好的沟通基础，对方也就很容易信任你，与你建立起信赖关系。真诚且可以打动人心的话语，才能算得上是“金口玉言”，一字千金。

庄子说：“至信辟金。”即最大的诚信无须借用金玉之类的信物，孔子主张“轻千乘之国，而重一言之信”，谚语中也有“一言既出，驷马难追”的说法。说话者倘若能够真诚地对待听话者，就能维护情感，获取信任，加强沟通，避免矛盾。而那些夸夸其谈、口惠而实不至的话语，只会让对方产生反感，丧失对你的信任，使沟通与交流陷入僵局。

在长期为周恩来总理进行英语翻译的生活中，冀朝铸对周总理有了较为深入的了解，他认为，周总理说话向来都十分真诚。他回忆说，他结婚 7 年之后都没有孩子，周总理特意请来专家给他进行全面的检查，还安慰他道：“小冀啊，你没有孩子，我也没有孩子，咱们一起干革命！”对此，他十分感动。冀朝铸担任周总理翻译 17 年后，某天周总理真诚地建议他说：“小冀，不能一辈子当翻译啊！40 岁的年纪是转行的时候了！”并让他到外语学院找一名合适的接班人。

1973年，冀朝铸出任了中田驻美国联络处的对内参赞。在离开前，周总理邀请韩叙、冀朝铸共进午餐，席间他说："你们也有白头发了……"周总理的话尽管都只有寥寥数语，却能让人充分感受到他的真诚。

所谓"精诚所至，金石为开"。真诚才是最能打动人心的事物，待人以诚，对方才会信任我们，彼此才能建立足够牢固的关系。无论何时，如果我们将真诚之心抛在了身后，那么所有的关系可能都很快消散。

▼

赞美的话语，最动听

恰到好处的赞美才是金玉良言

美国心理学之父威廉·詹姆士说过：“渴望被赞美、被尊重，是人类本性中最深层次的企图之一。”正因为这是一种最基本的愿望，所以我们每个人都应该不吝对他人的赞美。当然，赞美虽然动听，但是也需要恰当、合宜，如何拿捏，就是衡量一个人交际水平的标准。

俄国著名的作家屠格涅夫是一个打猎爱好者。这一天他又出去打猎，无意中捡到了一本名为《现代人》的杂志。出于好奇，屠格涅夫随便读了几页，迅速被杂志上连载的一篇题为《童年》的小说吸引住了。屠格涅夫读完之后深受打动，但是看作者署名却很陌生，显然是个名不见经传的作者。屠格涅夫非常迫切地想当面向这位作者表达自己的赞赏之意，于是四处打听作者的住处。最终他得知作者是一个仅 20 来岁的年轻人，当时正和姑妈住在一起。屠格涅夫找到了年轻人的姑妈，不巧的是年轻人当时在其他城市，于是他便向年轻人的姑妈表明了自己的身份，并由衷地表达了自己对这个年轻作家的喜爱和赞赏之情。

当时屠格涅夫已经因为《猎人笔记》成名了，姑妈看到自己侄子的作品得到这位名作家的欣赏，立刻给侄子写信说了这件事。她的侄子收到信之后兴奋了好久，他读过《猎人笔记》，对屠格涅夫非常佩服，现在竟然得到了作者本人的赞赏，他怎么能不欣喜若狂呢？在屠格涅夫的鼓励之下，这个年轻人迸发出了无与伦比的信心和热情，最终成为世界文坛上无比耀眼的巨匠，他就是俄国文豪列夫·托尔斯泰。

屠格涅夫看到了这个完全有可能成为自己竞争对手的文坛新秀，不仅没有产生压制、排挤的想法，还迫切地表达了自己的赞美，这种心胸值得每一个人学习。在人与人的交往中，很多时候不仅需要赞美朋友，也需要赞美对手。政治家往往深谙此道，无论是多么敌对的两个人，即使身处互相敌对的两个国家，他们见面时也会亲热地拥抱、握手，“热情洋溢”地赞美对方的某些优点，这是一种风度，也是必要的手腕。

我们的赞美或许没有屠格涅夫或者政治家那样意义重大，但是在生活和工作中，多赞美自己的家人和朋友，多夸奖自己的下属、同事乃至领导，在他们变得更加优秀的同时，自己也能在和谐、上进的环境中变得更加优秀，何乐而不为呢？尤其是在充斥着沉闷紧张气氛的办公室里，赞美的语言通常是最好的润滑剂。

那么，我们在与人交往时，应该怎样正确地赞美对方呢？

1. 赞美要因人而异。

每个人都是不同的个体，都有自己的独特之处，所以赞美的语言也必须突出个性，因人而异：赞美老年人，不妨提一提他辉煌的过去；赞美年轻人，要多夸奖他“初生牛犊不怕虎”的闯劲；赞美商人，要称赞他头脑灵活、善于把握市场形势；赞美知识分子，要赞扬他博闻强识、学识渊博……如果做不到因人而异，用一套词去夸所有人，那样一来你的赞美将变得毫无价值，不仅收不到应有的效果，反而会让对方心生厌倦甚至反感，那就得不偿失了。

2. 赞美的内容要具体。

像是“你工作能力真强”“你真是一个好领导”这样空泛、生硬的赞美，毫无真诚的成分，很有可能让对方对你的动机产生怀疑。所以，具体而言之有物的赞美，才能让听到的人心生愉悦，并将你视为知音。比如，夸赞一个女孩子，反复说“你真漂亮”反而不如夸奖她双腿修长笔直、眼睛清澈迷人的效果好。赞美言之有物，才能说明你真的关注了对方，对方才会相信你的赞美是发自内心的，而不是客套话。

3. 赞美的语言要真诚。

不真诚的赞美，不仅无法让人相信，而且会让人觉得你做人虚伪，甚至会对你心生厌恶。举个例子，你在街上碰到几年没见的老同学，对她说：“好久不见，你还是像以前那样年轻漂亮！”她听后心里会很舒服。但是如果你对她说：“好久不见，你变得更漂亮了，简直能跟西施媲美了！”如果你们关系比较亲密，她可能不会往心里去，如果只是泛泛之交，就会让对方觉得非常别扭，还会觉得你在讽刺她。所以，不真诚的赞美往往不如不说。

4. 用第三者的口吻赞美。

通常在人们的观念中，“第三者”的立场总是相对客观、公正的。善于运用这个普遍心理赞美他人，往往能收到事半功倍的效果。例如，你去拜访一位朋友，想要赞美他的妻子，就可以说：“嘿，我早听某某说过你的妻子既漂亮又温柔，今天一见果然名不虚传!”这样的话既避免了自己直接称赞可能引起的尴尬，而且赞美的效果也会倍增。

日常生活中，想要让人际关系变得更和谐，不妨用心去寻找别人的闪光点，扮演一个善于鼓励他人的角色，同时也能树立起自己开明的、善于合作的形象。

背后赞美，事半功倍

俗话说：“谁人背后无人说，哪个人前不说人?”背后恶语相向、众口铄金的案例数不胜数，产生的危害比当面诋毁要大得多。但是，事物皆有两面性，背后赞美人的好话，也往往能起到出人意料的效果。人们对当面的赞美会有一定的质疑心理，但是对那些背后的赞美往往没有抵抗力，很容易就会“沦陷”，从而对背后说自己好话的人产生好感。所以，我们想指出某人的长处从而赞美其优点时，不妨选择适当的时机进行一番“背后赞美”。

下面，我们就通过一位老师的日记，来见识一下“背后赞美”的魔力吧：

一天上课之前，我在办公室里与同事讨论工作上的问题。这时，数学老师说起了K同学——那个整天丢三落四、贪玩淘气的“刺儿头”。他摇着头对我抱怨说：“K真让我哭笑不得，他明明那么聪明，但却不爱动脑筋，这孩子要是‘改邪归正’，肯定是一棵好苗子。”我随声附和道：“可不是，这个聪明又帅气的孩子，如果把学习搞上去……”我的话音未落，上课铃响了，我拿起教案走出办公室，正好看到K红着脸从办公室门前快步走了过去。我没有多想，赶紧走进教室开始上课。

这一节课让我颇有些意外：K同学今天像换了个人似的，不像从前那样松松垮垮地趴在桌子上听课，而是一脸认真、坐得笔直，甚至开始举手发言了，这可真是太罕见了。而且，他的作业也没有拖延，及时上交，字也写得端端正正。

大半天的时间，我都在为这件事好奇。下午放学后，我看到K正在学校超市挑学习用品，于是紧走几步想找他谈一会儿话，正好听到他跟老板聊天。

“你这个‘刺儿头’，平常不都是买些零食吗，今天怎么买起文具了？”看来老板对K印象挺深刻。

“嘿嘿，告诉你吧！”K语气中带着得意，“我们班主任和数学老师都喜欢我，班主任还夸我聪明又帅气呢。”

老板被他逗笑了，说：“看起来老师还真的喜欢你，那你的成绩肯定不错吧！”

“这……”K挠了挠头，笑着说，“你说的是以后的我！”

我想这真是个美丽的误解，其实我当时并不是在夸他，只是话还没说完就被铃声打断了。但是没想到，这几句话会有这么大的力量，让他发生这么大的改变。

我带着喜悦和感叹转身离开了，我相信这个孩子以后肯定会变得更好。

由此可见背后赞美的力量多么强大。原因就是这种表扬来自背后，被表扬的人不会认为那是虚情假意或讽刺奚落，会让受表扬者深信不疑，受到巨大的鼓舞，其激励作用不会打任何折扣，直接传达到对方的内心。

西方一位学者曾经说过：“背后颂扬别人的优点，比当面恭维更为有效。”背后赞美他人，是一种处世的技巧，也是我们心胸开阔的体现。对于夸奖者来说，有时候一些赞美的语言即使出于真诚，在面对对方时也会由于害羞等原因说不出来，或者打了折扣，这时候我们何不发挥第三方的作用？多称赞一下别人，你的善意总会传达到对方的耳中。

幽默的语言，胜千言

幽默是一种人生哲学

我们现在常用的“幽默”一词，其实是个舶来语，起源于拉丁文，形成于古法文，英语写作“humour”，本是个医学术语，意为“体液”，16 世纪以后才经由英国讽刺喜剧作家本·琼生之手得到广泛的应用，具有了特定的美学范畴的含义。汉语中最早出现“幽默”一词是《楚辞·九章·怀沙》中的“孔静幽默”，是寂静无声之意。1924 年，林语堂先生首先用“幽默”一词作为“humour”的音译，用以表达“会心的微笑”“谑而不虐”“非低级趣味的、只可意会的诙谐”等意义，得到了迅速推广。到今天，幽默已经上升为一种人生的智慧乃至一种独特的哲学。

著名作家王蒙说过：“幽默是一种成人的智慧，一种穿透力，一两句就把那畸形的、讳莫如深的东西端了出来。既包含着无可奈何，更包含着健康的希冀。幽默也是一种执拗，一种偏偏要把窗户纸捅破、放进阳光和空气的快感。”可见，幽默作为文明的产物，并不总是圆滑的，所体现出的不仅仅是才华，而且包含着一种力量。

幽默有很复杂的意蕴，并不等同于小丑在舞台上引人发笑的夸张表演，而是一种在智慧积淀的思维基础上形成的、以优雅风度来呈现的睿智，因此往往能够一语中的而又不失趣味。我们通过观察就可以看出，智商和情商“双高”的人往往都是比较幽默的。

幽默有两个基本特点：

1. 必须有趣味点。

幽默必须具有一定的美感特征，如果不顾他人感受，一味用讽刺他人来满足自己的快乐或取悦旁人，不但没有趣味，反而会遭到厌恶与反感，就完全是一种恶趣味了。

2. 必须意味深长。

真正的幽默就像一杯酒，具有醉人的味道，能够令人回味无穷。否则，就不过是“俏皮”而已，人们附和一笑之后，很快就忘掉了。世界上最优秀的喜剧电影，往往是让人笑中带泪、回味悠长的。而要想酿出一杯意味深长的“幽默之酒”，首先需要你有自身深刻的生活体验，再结合敏锐的洞察力、丰富的想象力、出色的语言表达能力，还要加上乐观的情绪乃至优雅的风度。

丘吉尔两任英国首相，是在英国生死存亡之际力挽狂澜的反法西斯阵营“三巨头”之一。他不仅是个出色的政治领袖，还是演说家、作家、记者、历史学家和画家，甚至还凭借《第二次世界大战回忆录》一书获得了1953年的诺贝尔文学奖。丘吉尔的很多故事直到今天还被世界人民津津乐道，一个重要原因是，他作为一位幽默大师，思维敏捷、语言睿智，常常用幽默的语言让一些难题迎刃而解。

大作家萧伯纳和丘吉尔是老相识，但是两人往往又针锋相对，留下很多有趣的小故事。有一次，萧伯纳的新剧上演了，于是发了一封电报邀请丘吉尔来观看：“鄙人新剧首场公演，特预留戏票数张，敬待阁下带朋友来共同观赏——如果你还有朋友的话。”丘吉尔收到之后，立即复电：“非常抱歉，鄙人因故无法到场观看首场公演，但我很乐意第二天晚上去看——如果你的新剧还能演到第二场的话。”

丘吉尔的幽默不仅体现在日常生活中，在工作中他也善于运用幽默来从容地应对各种问题。在二战北非战场上，阿拉曼战役即将打响，丘吉尔会见了名将蒙哥马利将军。在谈话中，丘吉尔建议将军学一下逻辑学，对于他指挥作战会大有帮助。久经沙场的蒙哥马利认为那样会让自己陷入纠缠不清的逻辑命题中，于是找了个借口推脱，他说：“首相先生，您应该听说过这样一句俗语：‘了解和亲昵会产生轻蔑。’同理，我越了解逻辑学，对它就会越轻视。”

丘吉尔说：“我听说过这句话，但是我要提醒你，逻辑学和爱情一样，不进行一定的了解和亲昵，是什么都无法产生的。”

这句坦率而又幽默的话，终于说服了执拗的将军，之后蒙哥马利在北非战场上能够将战略、战术联系起来考虑，扭转了战争的局势，没准就有逻辑学的功劳呢。

幽默是智慧的迸发，是人际交往的润滑剂，更是一个人胸怀和境界的体现。运用得当就能够增进友谊、消除误解，像温暖的阳光一般让世界变得温暖明媚。

偶尔自嘲一下，让交流放光彩

现在，与陌生人在网络上交流已经成为很多人生活的一部分，很多时候难免因为观念不同而与别人产生矛盾，此外还有一些令人尴尬的情况会突然发生。这时，适当地自嘲一下，往往能起到意想不到的效果。

小孔新加了一个微信群，由于他谈吐风趣、知识丰富，所以变成了群里的焦点，大家都愿意跟他聊天。这时一位女网友问他："你肯定是一个帅哥吧？"

小孔回道："非也。我不仅不帅，还丑得很。"

女网友问："有多丑？"

小孔说："举例来说，我昨天上街买东西，碰到一位城管，他竟然劝我戴个头盔出门。"

"为什么？"

"他说这几天外国领导人要到本市游览观光，我这模样上街影响市容不说，还会吓到外国友人。所以，他对我下了禁足令！"

女网友被他逗乐了："哈哈，怎么可能，你说话太逗了！"接着，这位女网友就加小孔为好友了。

自嘲，在有些时候的确很有效，拿自己幽默一下，既不会得罪人，又能够在轻松愉悦的氛围中将自己的善意及亲切传达给对方。很多受欢迎的人，往往也是勇于自嘲的人。

美国有一位名叫哈罗德·琼斯的著名黑人律师，打算发表一篇题为《让黑人拥有更多权利》的演讲，他知道这样的演讲势必引起白人的不快，但却临时被告知他演讲的目标群体绝大多数为白人。于是，他给自己设计了一句略带自嘲意味的开场白。他登台后说的第一句话是：“女士们，先生们，我本来是想到这里发表演说的，但是登上演讲台才发现，我到这里最主要的目的是增加一点儿‘色彩’。”

观众顿时哄堂大笑，现场的气氛变得活跃起来，接下来虽然哈罗德·琼斯的演讲中言辞比较激烈，但也没有影响到现场秩序，这次演讲获得了巨大的成功。

日常生活中，误会或偏见总是难以避免的，很多人会在气愤之下对别人进行揭短等不友善的行为，如果双方就此闹翻或互相恶语相向，矛盾只会越来越激化，直到一发不可收拾。所以，当我们预感到与他人的交谈可能会产生某些不快时，不妨在对方发动攻击前“先发制人”，自嘲一下，既能避免遭到嘲笑的尴尬，还能活跃气氛，缓解自己紧张的心情，甚至可能让对方放弃攻击你的念头。

自嘲，是幽默的升华，往往只有心胸开阔的人才勇于自嘲、善于自嘲。但是要注意恰到好处，凡事不能太过刻意，自嘲运用不当，会让人觉得你是一个妄自菲薄的人，与你谈话乃至与你继续交往的热情都会大大降低。在充满压力、冲突的社会中，灵活运用自嘲的人，往往会避免很多冲突，更容易取得成功。

何必动怒，幽默能化干戈为玉帛

当今社会，人人都积攒着非常多的压力：工作、生活、感情……很多人都觉得自己扛着一座座大山，几乎喘不过气来。这个时候，一点点刺激都有可能让他们爆发，将内心的怒火烧向他人。爱动怒的人，无疑会让别人觉得难以相处，丢掉好人缘，也就失去了很多的机会。所以，我们千万不要做动不动就发火的人，在许多场合，当感觉到不满时，最好用幽默的方式来表达自己的情绪。

幽默有着神奇的力量，在一些非常紧张的气氛下，一个小小的幽默就可能营造出良好的沟通氛围，起到“化干戈为玉帛”的神奇效果，用一种融洽的方式消除分歧。富有幽默感的人往往会给别人留下有涵养的深刻印象。

某公司的后勤部门，由于日常工作相对清闲，所以那里的员工对工作缺乏热情、纪律松散、不思进取，因此经常遭到领导的严厉批评，但是这反而激起了他们的逆反心理，一点儿效果也没有。

这一天，总公司调来了一位新的总经理，他得知后勤部门的情况后，在全体员工大会上批评了他们。但是，他却没有严厉斥责，而是幽默地化用了孟浩然的一首诗来形容他们的工作状态：“春眠不觉晓，上班想睡觉。夜来麻将声，进出知多少！”大家发出一阵哄笑，总经理也笑着继续说，“希望该部门的同事提起干劲儿，否则就难免：白日依窗尽，工作泡汤流，饭碗端不住，老婆也犯愁。”后勤部门的同事们发出了苦涩的笑声，他们认识到了自己的错误，很快就改正了。

幽默的批评，是一种温和发泄不满的方法，能够让笑声代替斥责，用诙谐化解对抗。比起冷冰冰的批评，这样的“软着陆”既能保全对方的面子，也让对方印象深刻，更愿意接受你的想法。

北宋文豪苏东坡是个非常风趣的人，有一次，他到一个朋友家赴宴，另外一位客人也应邀出席。酒过三巡，上了一盘看起来极为美味的红烧鹌鹑，共四只。那位客人毫不客气，一口气吃了三只，这时候才想起请苏东坡也吃。苏东坡看着盘中仅剩的一只鹌鹑，摇摇头说道："还是请你吃了吧，免得它们散了伙。"那位客人顿时面红耳赤。

在国外也有类似的例子。有一位知名演员参加一部电影的拍摄，对导演忽视演员安全问题颇有微词。这一天，导演在拍摄现场对他说："下一组镜头是这样的：在你身后五十米的地方出现一头狮子，它迅速扑向你，在距离你只差两步时这个镜头就结束了。记住了吗？"演员微微一笑，问："我没问题，但是狮子记得住吗？"导演哈哈大笑，体会到演员话中的深意，演员们的安全问题得到了重视。

生活中难免碰到让人愤怒的事情，这个时候拍案而起、牢骚满腹甚至对他们恶言相向，都不是解决问题的最佳方案。而有幽默感的人则能在平静的状态下委婉地表达出不满，反而能够更好地解决问题。

▼

拒绝，也是一门艺术

让对方舒服地接受才是高明的拒绝

人际交往是一门学问，处理好人际关系需要智慧。人与人在往来之间常常会有所求，因不想破坏人际关系的和谐，没法拒绝别人的要求，只得勉强答应……这样的情况很是稀松平常。虽然体谅对方有所谓的难处，能帮一把固然应该帮，不过遇到只是一方一味忍让的情况，时间长了，彼此关系难免会出现裂痕。只是一两次的交集的话或许还好，倘若不止，那么学会拒绝就很有必要。

在中国人的传统性格中，拒绝别人，尤其是当面拒绝是一种特别失礼的行为，所以很多人都不愿意，甚至说没有拒绝别人的习惯。多数情况下，人们是害怕拒绝会造成彼此之间关系的破裂，不过高明的拒绝方式，是可以既不用怕驳了别人的面子又可以做到尊重自己的内心。

一样都是拒绝，表达的语气和方式不同，产生的效果可是千差万别。凡是有所求的人，每次开口请求帮忙的时候，肯定也是经过内心的挣扎，跟自己的自尊心做过斗争的，心里难免会惴惴不安，语气也会带着很多试探。“可以吗？”“拜托了。”……如果我们不由分说，脱口就是“不行”“办不到”，势必会直接伤害到了对方的自尊心，也会让对方陷入一种很尴尬的境地，引起对方强烈的反感。而如果你在拒绝之前，先是从头到尾认真听完对方的请求，并表示了安慰鼓励的话语，再将自己的难处一一道出，清晰地告诉对方，自己不是“不能做”而是“做不到”，让对方予以理解，再配合上委婉妥帖的语气，并充分表达自己的歉意，相信对方一定可以接受。这样的拒绝势必不会影响你们的关系。

比如，有个朋友想请长假外出旅游，去医院来找医生朋友出具一份假的病例和住院证明，给自己的公司领导，妄图蒙混过关。对此违规行为医院早已多次明令禁止，一经查实不仅要严肃处理，还会吊销医生的执照。于是该医生在耐心地听完朋友的原因之后，恳切地说明了自己拒绝的原因。最后朋友说：“对不起，我一时没想那么多，我不该因为自己一点点私利，就让你搭上自己的前途和喜爱的医生事业。经你这么一说，我也觉得这个办法不行。你就当我从来没做过这件事情吧。”

每个人都有自己不得不请人帮忙的时候，而对方同样也会有没办法帮你的苦衷。只要认真地说出自己无能为力的理由，这样的拒绝，是不会影响朋友间的感情的，因为真正的朋友可以看到你的善意和坦诚。

另外，有的时候，其实你也不必当场拒绝，你完全可以说：“不好意思，我现在没办法确定，这样，我再考虑一下，明天答复你吧。”这样的话，既给了自己合理的时间考虑请求的可行性，又不会让对方觉得失望。即便是最后你没有办法帮到对方，也不会影响彼此的关系，因为对方会以为你很认真对待这个请求。

比如，某单位一名职员对于自己目前的工作不是很满意，找到自己的领导想要公司内部转岗，领导心里很清楚以那位职员的资历和能力，根本达不到转岗的要求。但是领导并没有当场回答说“内部转岗以你的能力是不可能的”，而是说：“内部转岗涉及的是两个部门，我一个人可做不了主，这样吧，我帮你把这个问题反馈一下，让公司开会决定，有结果的话，我答复你，好吗?”

这样回答既不会让职工觉得公司并不重视自己的意见，打击职工对公司的忠诚度和对工作的积极性，又能让对方明白公司内部转岗不是一件简单的事情，需要领导上报，那么结果就会存在两种可能。不当场回绝可以给职工一个做思想准备的时间，可以最大限度地降低心理落差，这比当场回绝效果要好得多。

即便是当面拒绝也不一定就是要跟对方站在对立面上，要拒绝、制止或反对对方的某些要求、行为时，你可以利用那个人的原因作为借口，避免与对方直接起冲突。

比如，同事向你推销一套茶具，然而你刚刚已经有了一套，这时候，你无须顾虑太多，可以直接说：“你推荐的茶具确实比较便宜，只是我不是很确定这套茶具适不适合我刚在云南买的观音茶，听说品茶有很多讲究呢，不同品种的茶要配不同材质的茶具，这样才能相得益彰，发挥出茶叶最大的茶性。哎呀，说实话，对于这个我也不是很了解呢。”

一般在这种情况下，同事会听得云里雾里，并且作罢，因为他已经在你委婉的话语中听出了你“不买”的意思。什么茶具配什么样的茶，是不是有所依据，具体应该如何搭配，同事也未见得研究得很透彻，这样一来，即使同事想要进一步推荐，也会因为找不到明确的“狙击对象”，而放弃“攻击”的目标。

又比如，一家软件公司的销售主管在跟一家大的合作商谈合作时，合作商代表突然提出想要看一下这个软件的设计原稿和成本分析数据，可是这些数据都是公司的绝密资料，主管根本就没有权力私自答应给外商查看。不过，要是实话实说，不仅会驳了对方的面子，影响两家和气，甚至这次的合作也会泡汤。这位销售主管并没有那么直白地说“不可能”“没办法，公司有规定”之类的话，但是“不可能”的意思却表达得清清楚楚。

“这个，好吧，不好意思，您看要不我下次见面把资料给您带来，可以吗？”

那位合作商在商场打交道很多年，自然是明白“下次”是什么意思，也就知趣地不再纠缠。

再比如，某位企业家接到老朋友打来的电话，邀请他到某大学做成功经验的分享讲座，企业家在电话里缓缓地说：“我真的很荣幸，也很开心你能邀请我。我让我的助理查看一下我这个月的日程安排，稍后给你回复可以吗？”

很多的要求如果没有很多的不确定因素影响的话，不如先缓和一下。这样，就算是企业家表示不能到场的话，他也有足够的时间去化解可能产生的内疚感，并使对方轻松自在地接受。

拒绝别人有很多的讲究，其中语气占很大的作用。比如“不好意思”四个字，如果你的语气谦恭，对方听了心里就舒服，倘若你的语气生硬、冷淡，对方听后便会反感、不痛快。不仅达不到预期的效果，还会引起对方的不满，造成不必要的矛盾与冲突。伸手不打笑脸人，如果你的态度温和柔软，那么对方也不会用尖酸刻薄来回馈你。在拒绝对方时，采用委婉含蓄的表达方式，将会使你的人际关系更加协调。

掌握技巧，拒绝的话也可以很动听

你的身边有没有这样一个人？不管大家有什么要求总是会答应，大家有什么事情总是会习惯性地去找他帮忙，以至于这个人每天忙来忙去，总是会有干不完的事情和操不完的心。

如果有，我告诉你，这样的人不是“活雷锋”，天生热心肠，更不是“天使”下凡，普度众生。他不过就是脸皮比一般人要薄，心脏比一般人弱，不懂得拒绝罢了。在大多数人的固有观念里，“拒绝”两个字听上去是很刺耳的，然而事实上，拒绝也可以动听。

苏楠是公司市场部的一位员工，她在让“拒绝”变得动听悦耳这方面绝对称得上是一个高手。她拒绝别人的时候，既不让对方不舒服，自己又能成功脱身。每次别人找她帮忙前，她都会很细心和耐心地听别人说完，尽量弄清楚别人真正的意图，之后她三言两语便可以拒绝对方的请求，对方还不会埋怨她。

有一次，公司要召开新品发布会，到时除了新产品展示和演讲介绍之外，还会搭建一个延展台，摆放合作公司的一些相关产品，规模不小。这个项目不仅预算庞大，而且请了很多一线有影响力的媒体参加此次的新品发布会。因此，能够在公司讲台演讲的厂商不仅能够获得抢眼的展位，还能为公司的产品免费做一回广告，可以说是一举多得。为此，各大厂商争持不下。

其中有两个战略合作经理，为了能让自己负责的合作商在这次发布会上赢得机会，都来和新品发布会负责人苏楠沟通，希望把产品放在最显眼的地方。不过最显眼的位置只有一个，给谁都会让另一个人不高兴。况且大家都是一个公司的，关系都不错，并且活动的宣传工作以后都需要战略合作经理配合，因此让苏楠做这个决定就显得十分艰难。一旦处理不好，不仅会得罪同事和合作厂商，甚至还会影响发布会的质量。

不过，这可难不倒苏楠。面对两位战略合作经理，苏楠没有直接说出结果，而是先发制人，用一连串的问题，来为自己找解决的办法。

苏楠说："难道这次新品发布会受邀的合作厂家就只有你们两家吗？"

战略合作经理A答："不止，据我所知，有十多家呢，不过我们这两家的合作商规模最大，合作时间也长，自然是最重要的！"

苏楠又问："既然如此，你说这两家合作厂商最重要，那么如何来衡量合作厂商的重要性？有什么参数作为依据？"

战略合作经理B答："可以以进货出货的数量、合作推广的次数和时间，再加上合作厂商的知名度为依据。"

苏楠接着问："那你们推荐的厂商涉及的以上参数有没有做过整理，然后按照年份季度做出表格存档呢？"

两位战略合作经理答道："这个自然是有的，都会定期存档保存。"

苏楠问："既然都有存档，这样，就把数据调出来，逐一查看。查看一下最近两个季度的排序，看看变化的幅度。大家都是知道的，咱们在新品发布会上展示的产品一定是所有的参数数据排序靠前的合作厂商的产品。等一会儿，你们把数据图先发到我的邮件里，我也会请各个部门的同事一起查看排序的表格，然后调出所有厂商排序的表格，再和你们部门确认。确认无误后，我会按照顺序把这些厂商的展示图放到发布会上。倘若大家同意，我会上报给法律部，看看有没有什么潜在的法律隐患。这样做比较公平吧？”

两位战略合作经理答道：“好的，那就这样吧。”

苏楠很聪明，她提出一个词“公平”。其实在这件事情上，两位战略合作经理找到苏楠就是因为想要走走后门，并且以为有后门可走。如果苏楠没有给出一个明确的回复，他们自然不会罢休，会一直揪着这个问题不放。之后苏楠告诉他们产品摆放的位置的展示图会公布于众，还要和其他部门沟通，用最真实有效的数据做依托，这样的“拒绝”办法，显然可以让两位战略合作经理心服口服，不会记苏楠的仇，也不好再提走后门的事情。

由此可见，掌握说“不”的技巧是很有必要的。

1. 拒绝也要分场合。

当众拒绝的杀伤力太大了，一般人是承受不住的，所以拒绝最好在私底下。即便找理由拒绝之后，最好第一时间找机会解释清楚，免得造成不必要的误会。

2. 先示好，后拒绝。

先向对方抛出友善的橄榄枝，先给予肯定再拒绝，这样更容易让别人接受你的意见。与其说“我反对”，不如微笑着说：“你的方案做得很棒！不过，有些地方无法完全说服我。”

3. 与其解释还不如提出解决方案。

当不能如期赴约的时候，与其一直讲述当时的情况：“现在已经超过半夜十点了，明天还要上课……”还不如直接提出替代方案：“假如下次时间允许，请再给我一次机会好吗？”

聊天课外宝典

我们在哪些情况下应当保持沉默？

1. 当与专横的人交谈时。

蛮横、不讲理的人通常不会听从别人的见解，即使这份见解再高明、再精彩，他也不会认同，甚至可能会心生厌烦，从而怀恨在心。因此，当我们面对这样的人时，保持沉默或任凭他声嘶力竭地叫喊就是最合适的应对方式。这样他才可能会感到无趣，随后冷静下来。

由于身份和地位的原因，有些人，如上级、长辈等，可能会有些强势，在对方训话、提意见的时候保持一定的沉默，是应有的态度。另外，女性常会对男朋友耍泼撒娇，对她的强词夺理保持沉默，也是很有必要的。

2. 当与情绪正激愤的人交谈时。

有些人在阐述自己的观点时，总是十分激动，认为自己的发言十分重要。如果此时你要表达观点，对方大多会置若罔闻或竭力反驳。因此，此时你应当保持沉默，待他的情绪平复，再与他平心静气地交流。

3. 当与不明事理的人交谈时。

不明事理的人大多一旦认定一个道理就很难改变，无论你说得多透彻，不是对牛弹琴，就是增添了对方的嚣张气焰。此时，倘若你沉默不语，可能反而会产生正面效果。

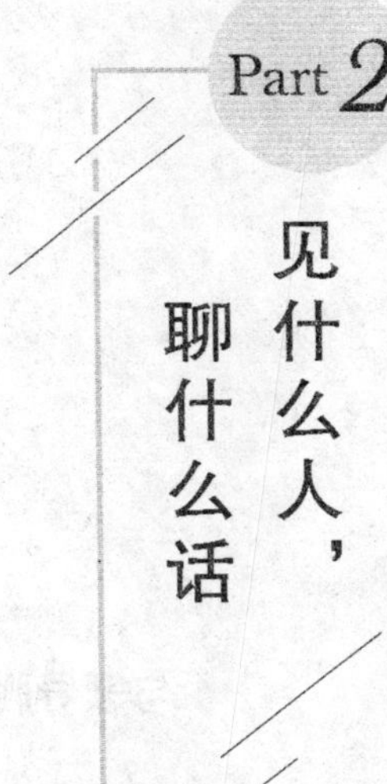

Part 2 见什么人，聊什么话

与上司聊，小心触雷区

与领导聊天的艺术：掌握魔鬼语言

以常理来看，“一把钥匙只能开一把锁”，锁与锁之间有着不同的构造，因此导致钥匙与锁头具有专一的特性。但“道高一尺，魔高一丈”，“一把钥匙只能开一把锁”的真理被造锁的人打破，他们成功地研制出了“万能钥匙”。“万能钥匙”，顾名思义，一把能同时打开多把锁的钥匙。

对于职场人士来说，他们每天面对不同身份的同事，以及不同层次的领导，迫切需要一把“万能钥匙”打开不同的“锁”。那么，究竟有没有这样一把“万能钥匙”呢？肯定是有的。那“万能钥匙”又是怎样的形态呢？简单来说，就是我们日常所说的“话”。它并不是轻松、平常的，而是难以操纵的“魔鬼语言”。一旦掌握这种“魔鬼语言”，就会让你赢得领导的信任与尊重，让你的职场生涯更加顺利、从容。

1. “我现在就处理解决”。

唐陌在一家玩具制造厂上班，是车间的经理。由于他们公司的玩具销量很高，公司每天都会生产大量的玩具，所以常常出现机器故障问题。更可怕的是，有时员工会因操作不当受到伤害，引发纠纷。

有一次，机器出现问题，导致整个车间一时无法正常运转。公司领导找到唐陌，询问他机器出现问题的原因。唐陌支支吾吾，一时说不出个所以然来。领导大为不满，生气地对唐陌说：“你是怎么干活儿的？出了问题连原因都不知道吗？”唐陌听后马上辩解：“机器是采购部门购买的，而且已经运转两个多月了，一直没有问题，今天突然发生故障了，我也不清楚原因，更何况……”领导没等唐陌说完，便摆手让他离开了。

唐陌的同事知道后对他说：“你怎么能这样对领导说话呢？你应该对他说：‘您放心，我现在就处理解决。’对于领导来说，原因、经过并不重要，重要的是事情解决了没有。事情已经发生了，再多的辩解有什么用呢？领导想听的无非就是‘我马上解决’罢了。我们只需说这一句话，让他安心，然后自己找原因并及时解决。”同事的一番话让唐陌瞬间醒悟。此后，一旦出现问题，还没等领导开口，唐陌就会说：“您放心，我现在就着手解决！”

如果领导询问你问题原因并要你迅速做出回应的时候，你应该摒弃所谓的“我也不清楚，明明一开始……”，最好立刻、冷静地回答“我马上处理”。有了这样的回应，领导就会觉得安心，就会认为你是一个能果断处理问题、工作讲效率、服从领导的好下属。假如你支支吾吾、推卸责任，领导就会认为你是一个优柔寡断、办事能力不强、毫无责任心的下属。同时，还需要注意的是，当你做了保证后，需要立刻拿出实际行动。

2.“我们似乎遇到了一点儿问题”。

付文静是一家淘宝店的客服总管。近来，店里进了一批新鞋，由于质量不过关，客户纷纷差评，并要求退款。作为客服总管，付文静认为自己有责任向老板禀告这件事。因为信誉对网店而言至关重要，如果网店的差评太多，顾客必然不会再光顾网店的生意。

付文静将这件事情仔细考虑后，敲开了老板的门。

付文静一进门便以轻松的语气对老板说："老板，我们似乎遇到了一些问题。"老板听后笑了，问："怎么了？遇到什么问题了呢？"付文静有条不紊地将事情的来龙去脉汇报给了老板，最后又表达了自己的意见，说："我觉得道歉是平息客户怒火的最佳方式，我们需要想办法来挽回店里的信誉。我们可以公开发表一份声明，表明新进的这批鞋出现了失误，给顾客带来了不好的体验，是我们的责任。另外，我们主动对顾客保证，觉得新鞋质量不过关的一律可以退货，运费由我们承担。这样，顾客就会感受到我们的诚意，就会收回对我们店的差评，对我们网店有一个好印象，对我们产生信任。毕竟，开网店，最主要的还是看顾客的购买量和好评率。"付文静的话让老板非常赞赏，他笑着说："你的想法和做法非常不错，你就直接负责这件事吧！"

当你负责的一笔业务出现问题，或你们的市场出现危机时，该怎样向领导汇报呢？是风风火火地禀告领导这个坏消息，还是有条不紊地向领导陈述事情的经过，并提出有效的建议呢？显然，后一种做法更值得学习。这样做不仅不会让领导觉得你是一个推卸责任的人，反而会认为你是一个能沉着冷静应对危机的人。

"我们似乎遇到了一点儿问题"，是正确向领导传达坏消息时用到的“魔鬼语言”。这样说最委婉、最安全，作为领导人，肯定不想听到坏消息，而这样说就会给领导一个心理缓冲的时间，让他有一个充分的思想准备。一上来就汇报坏消息，领导只会发怒或者乱了阵脚。当然，能力强的下属不只是禀告事情的经过，还会给领导提供一些解决问题的方法，让领导知道事情还有解决的余地，让领导觉得安心。

3.“给我时间想想，一小时后给您答复好吗”。

小杰和阿斌是某保险企业的宣传部员工。一天，领导将他们两个叫到办公室，说：“现在公司想要借助网络平台宣传我们的保险业务和企业文化。叫你们来是想问问你们有什么好的操作方法吗？”

小杰和阿斌呆住了，因为来之前没有任何思想准备，突然被问，一时不知道怎么回答。

小杰几乎脱口而出：“我之前没有做过这样的事，不清楚如何具体操作，我需要回去研究研究。”领导听后不满地说道：“之前没做过是理由吗？”

阿斌见领导不高兴了，急忙笑着说：“领导，这件事事关公司的信誉和形象，我需要慎重、仔细地想一想，一个小时后再给您答复，这样行吗？”领导听后满意地点了点头。

小杰和阿斌表达的意思相同，但表述方式不同导致了结果也不同。显然，领导对阿斌的表达方式更为满意。当领导询问你如何做，而你又没有详细的解决方案时，你就可以说："给我时间想想，一个小时之后再给您答复好吗？"

这句话不仅能帮助你解决眼下之危，让你避开领导的问题，还能让你有足够的时间去思考。事后，你可以认真查阅相关的资料，或者向有经验的人请教。最后将找到的解决方案告知领导，这样，就会给领导留下好印象。

除了上述的三条"魔鬼语言"，还有一些话语也极为有用。比如，你想表现自己的团队精神，可以这样说"我觉得xxx的意见不错，值得借鉴"；你想向领导寻求帮助时，可以这样说"领导，这件事关键还是需要您指导啊"；领导批评你时，可以这样说"谢谢您帮我指出错误，我会及时改正的"；你认为自己的任务过重，想减轻工作量时，可以这样说"我知道这件事很重要，我们可以先将手上的工作集中处理完，再全心全意做这件事"；你禀告工作，谈话出现冷场时，可以这样说"不知道领导是怎样看待这件事情的呢"……

这些语言都是与领导说话的"万能钥匙"，是领导喜欢听的语言。这样说，不仅能帮助你避免被问题波及，还能让领导觉得你做事从容不迫、果断、有分寸。

对无休止的加班说“不”

当时针指向下班的时间，你是不是想立刻收拾东西，关掉电脑，急忙走出办公室呢？但是在更多时候，你可能都被加班绊住了脚步。当别人舒适地在家看电影、与恋人约会的时候，你却在空荡荡的办公室里对着电脑抓耳挠腮。因为要加班，只能推掉与好友的“酒会”，吃着平淡无味的盒饭；因为要加班，只能推掉周末与恋人的约会；因为要加班，晚上只能迎着星光赶最后一班车。当加班成了家常便饭的时候，生活的乐趣一点一点地被磨灭。

无休止地加班，并不见得就能把工作完成得多么出色。长时间地工作往往造成员工工作效率低下、精神萎靡不振、对工作的激情剧减。对于企业来说，意味着管理存在问题、统筹能力差，长此以往，在市场上就会缺乏竞争力。工作时间的长短并不是衡量一个人工作能力高低的标准，最重要的是效率，也就是在有限的时间内达到目标。因此，面对无休止的加班，我们要学会大胆、恰当地说“不”。

那么，如何在不得罪领导的前提下，拒绝加班呢？

晴雯是一家出版公司的职员，经常加班到深夜。一天，临下班时，主任对晴雯说：“现在有一份稿子特别着急，明天上午九点前必须要做好。”晴雯看着厚厚的稿子心里充满了无奈，没办法，只能加班熬夜赶了。她拿出了桌里时常预备着的泡面，草草吃了几口便埋头工作。等晴雯终于处理好这份稿子时，她发现整个公司内就只有她这一处有亮光，打开手机一看，已经凌晨三点了，看着男友几个小时前打来的电话，她满脸苦涩。因为太疲惫，她随便收拾了一下就趴在办公桌上睡着了。

第二天一早，晴雯被公司的保洁阿姨叫醒，她带着困意去洗手间洗脸，望着镜子里憔悴不已的自己，再翻开手机看到男友的短信——你的工作永远比我重要。晴雯思前想后，决定找领导推心置腹地谈一谈。她找到部门的主任说：“非常感谢领导对我这一阶段的关心，我一直努力工作，唯恐辜负您的期望。但是这段时间以来，我觉得我的工作效率更低了。首先一点，我的身体难以承受这样的负荷，加班到凌晨两三点，第二天上班完全没有精神，工作状态非常差。再一点，我的个人时间被工作填满了，没有时间好好陪伴自己的家人和爱人。您是过来人，相信您能明白在亲情和爱情中，陪伴是最重要的。希望您能理解我的苦衷，尽量减少加班的次数。不过我会在工作时间做好自己该做的！”

部门主任听后，一脸抱歉地对晴雯说："我只想着工作进度，没有考虑到你的身体和私下时间，给你生活带来这么大的影响。我同意你的意见，希望你以后也像今天这样能及时提出自己的意见！"

当内心不愿意加班或者出差时，有人会向同事抱怨发牢骚，最后被领导得知，卖力不讨好；有人想向领导反映情况，奈何不会表达，说出来只会得罪领导。像晴雯这样，开诚布公地向领导说出自己的苦衷，且说得恰当、合理、有人情味，领导自然能够理解，自然会接受你的建议。

当面对无休止的加班时，可以这样说："我今天已经约好了……，实在是没有办法加班！但是我会遵照您的指示，按时完成工作。""这些事情我不用加班也能完成的，到时准时交给您。"或者你可以以幽默轻松的语气说："亲爱的老板，那样，你会参加我的'过劳死'葬礼的"……给领导一个合理的不加班的理由，而不是私下向同事抱怨。

身在职场，加班是无法避免的一件事。公司真的有一定要解决不可的事情时，留下来加班是对企业负责的表现，每个人都应该这样做。但加班并不是评价一个人努力与否的标准，对于过分的、不合理的加班，要及时站出来拒绝，避免让自己无休止地"被加班"。

▼

与下属聊，别趾高气扬

笼络下属要有技巧

作为一个团队的领导者，有必要了解一些感情投资、笼络人心的技巧。这样当人心不齐时，就能够将涣散的人心凝聚起来，让你的下属尽心竭力地为你效劳。

一家企业聘请了一位擅长管理却不擅长专业技术的经理。技术精湛的前任经理在员工心目中形象高大，再加上多年的相处，早已深得人心。所以部门内的员工对新经理并不认可和信服，不愿意和他打交道，而且对于他安排的工作也很不配合。面对这种情况，新经理并没有气馁，因为他相信自己可以收服人心，早晚能够和员工们打成一片。

经理打算先从大家比较信服的两位头儿下手，下班后，他带着精心准备的小礼物，去他们家里做客，和他们交流感情，互诉衷肠，以加深对他们的了解。慢慢地，他们的关系越来越亲近，开始你来我往，这两位头儿也会到经理家串门，向他透露一些公司里的情况以及员工们的想法。于是，经理逐渐对他手下的员工有了一定的了解。

上班时，经理会经常在员工当中走动，以拉近和他们的关系。见到仓库管理员小林，就搭话："小林，我经常看见你男朋友来接你下班，眼光不错，小伙子看着就靠谱！"

看到刘师傅，又说："老刘啊，听说你儿子考上了重点高中，这么聪明这是遗传了你的优点啊！"

赶上节日，经理就招呼大伙一块儿聚餐，聚会上经理一边和大家喝酒，一边拿那两位头儿的小癖好开玩笑，惹得在座所有人都哈哈大笑，而和经理早有默契的两位头儿就在一边赔笑。

不久后，经理就和厂里的员工们搞好了关系，相处得十分融洽和睦。他的管理也得到了大家的一致支持和认可。在新任经理的领导下，他们部门的业绩节节攀高。

笼络下属的心是需要技巧的，以下几点值得借鉴。

1. 找机会和下属沟通。

上司要找机会和下属沟通，交流一下双方的想法。当领导对下属有了了解，就能对症下药，从而处理好和下属之间的关系。而下属也会在这当中找到存在感，受到莫大的激励。

2. 认真聆听下属的意见。

聆听下属的意见，能让下属感到领导对自己的重视，从而调动他们的积极性和主动性。美国历史上有七位四星级上将得到了同一个结论：那些有精湛的战斗技巧但在事业上却没有取得成功的军事领导者，是因为他们不懂得聆听部下的意见。

3. 充当下属的知心朋友。

当下属遭遇困难、突发意外时，非常需要领导给予关怀和安慰。领导的支持会给下属莫大的感动和欣慰，使他乐意向领导倾诉心声。如此一来，领导便获得了下属的信任，有利于工作的顺利开展。而有的领导在遇到工作不顺时就会乱发脾气，将责任都推到下属身上，这样的领导是不会得人心的。

4. 练就火眼金睛，点石成金。

作为领导，你要知道每个下属的身上都有闪光点，都有自身独特的优势。领导要善于发现和捕捉他们身上的才能，做到人尽其才，物尽其用，才能让金子发光。这样当下属取得成就时，也会感激领导的点拨与指引，领导的光辉形象也得以树立。

5. 鼓励下属，“你能做到”。

一定要学会鼓励下属，鼓励能够极大地激发一个人的潜能，能够带来强大的动力，以增强下属的积极性和自信心，从而让他们充满斗志地为你卖力。

表扬下属要用对方法

作为公司领导，如果想让员工尽心竭力地为公司效劳，物质奖励确实是一种办法，但想从根本上收服人心，适时表扬往往能达到意想不到的效果。

大多数领导或许会犯这类错误：明知道员工工作出色却不动声色，明知道员工取得了很大进步却依然吹毛求疵，还自以为这样做可以激励员工。古人指出，“求将之道，在有良心、有血性、有勇气、有智略”，对于勤恳忠心的员工，一定不要吝惜你的赞美之词，大胆表扬，能够使他们做得更好。

工作了3年的小罗前几天和我谈起自己的领导，谈话中颇有赞美之词。他说公司正处于创业期时，大家的收入微薄，但领导却有本事让大家不计回报地为他效劳。

有一次，他的同事小张连夜为公司写策划案，第二天挂着两个黑眼圈，精神萎靡地将方案交给了领导，领导见状就说："小张啊，你是公司的'国宝'啊，写方案没人能比得过你，咱们公司多亏有你呀！"小张一听立马容光焕发、斗志昂扬，然后又充满热情地投入到工作当中。

因为领导没有一副高高在上的姿态，十分懂得体察人心，特别会夸奖人。如此一来，员工的士气自然高涨，积极性受到激发，工作就更卖力了。

心理学家杰斯莱尔说："表扬就如同温暖人心的太阳，我们的成长不能没有它，然而很多人都太轻易地对他人吹去寒风似的批评与谴责。"

不过，表扬员工时，还有以下注意事项：

1. 要具体，不要含糊其词。

表扬本是促人奋进的一种有效方法，但如果方法不当，效果就会大打折扣。因此，作为上司在表扬下属时应该斟酌字句，要具体明了。例如，有些上级想要对下级进行表扬，却使用了含糊不清的评语“你做得很认真”“你是咱们公司的劳模”等。实际上，这样的表扬是很难起到实际作用的，因为没有明确表扬的原因，从而很容易使下级产生误解，感到摸不着头脑，甚至觉得领导虚伪、没诚意。

一般来说，用词越具体，表达越清楚，表扬的有效性就越大，因为这样会让下级认为，你对他非常了解，对他十分关注，对他的进步与成绩很重视。

有这样一个故事，罗斯福总统下肢瘫痪，无法驾驶普通的汽车，于是克莱斯勒公司专门为罗斯福总统打造了一辆汽车。总设计师钱柏林先生将这辆汽车送到了白宫，总统立即表现出极大的兴趣，说道：“真不可思议，只需要按按钮，车子就能发动，毫不费力就能驾驶，简直太妙了。”他的朋友和属下们也在旁边欣赏汽车，总统在大家的面前再次夸奖，“钱柏林先生，我非常感谢你们耗费时间和精力制造了这辆车，你们真的很了不起！”然后总统将车的各个部件欣赏了一遍，也就是说，他注意并提到了每一个细节，他深知工人们花了多少心血和汗水，总统还坚持让他的夫人和部下和他一起仔细欣赏这些部件。

2. 把握时机。

在与下属的谈话中能抓住有利时机去表扬对方，其结果可能是事半功倍。通常来说，下属在开始为领导处理某件重大的事情前，就应该给予表扬，这是一种鼓励；在处理这件事的进程中，领导也应该抓住时机再次表扬，最好是在下属刚刚取得一点儿成绩时交谈一次，以激励下属再接再厉；最后，在下属的工作告一段落并取得一些成果时，也是非常渴望能得到公开表扬的，这时候领导应该满足下属的愿望。

当然，这种表扬应该把握好一定的“度”。适度表扬可以让下属获得荣誉感，反之，则可能让他感到不安、难为情。所以领导把握好表扬时机的同时，在谈话中必须注意自己的措辞。在上下级的沟通技巧中，表扬往往有“画龙点睛”的作用，但它需要分情况使用，只有适时的表扬，才能消除上下级之间固有的隔阂，使上下级关系更加和谐融洽。

3. 多表扬下属的才能。

希腊有句谚语：“使人幸福的不是强壮，也不是财富，而是正义和才能。”才能，是一个人区别于他人最鲜明的标志，是一个人幸福的源泉。我们想表扬一个人，就要用最打动他的方式，也就是对其才能给予肯定和高度评价。

我们身边不乏多才多艺之人，有的能言善辩，有的妙笔生花，有的能歌善舞……诸如此类的才艺都是值得表扬和欣赏一番的。

4. 放低姿态。

放低姿态，就是说领导要用谦虚、真诚的态度对下属进行表扬。

秦穆公深知百里奚是个有才能之人，就费尽心思将他从楚国的囚牢里救赎出来。

那时的百里奚已有 70 岁高龄。秦穆公召见他时，亲自为他解除囚犯的镣铐，尊之以上座，并向他请教治理国家的良策。

秦穆公的举动使得百里奚诚惶诚恐，推辞道："下臣乃亡国之臣，哪里值得您垂问呢！"垂头丧气的百里奚语气中透露着伤感和惭愧。

秦穆公诚恳地说："虞君蔑视您的才能，不重用您，所以才被迫亡国。这不是您的过错呀！"

秦穆公的一番话，不仅表扬了百里奚的政治才能，而且极大地鼓舞了他。而秦穆公诚恳、谦虚的姿态，也令百里奚大为感动，就把自己的治国策略向秦穆公倾囊相授。

5. 多说“你”，少说“我”。

多说“你”少说“我”的表扬原则，指的是你要让对方成为你们交谈的重点对象，通过表现你对对方的欣赏，或者虚心向其请教等方式，由衷地表达出你对他的认可，以使得对方能够心安理得地接受你的表扬。你还要懂得分享他的喜悦，肯定他的成就，为他所自豪的事情喝彩。这样做便让他得到了从别人那里没有得到或者没有被满足的心理需求，从而达到了表扬的最佳效果。

批评下属也要看场合

在日常工作中，员工难免会出些差错，如果领导想指出员工的错误，一定要分清场合。否则，就很容易伤害到被批评者的自尊，那么通过批评达到纠错的目的就很难实现了。

有一次，一位厂长撞见几个工人正在吸烟，而就在他们身后的墙上标着这样几个大字：禁止吸烟。

面对此情此景，这位厂长没有直截了当地斥责工人们。他面带笑容地走到工人们面前，掏出一盒烟，分给他们一人一支，然后礼貌地请他们到可吸烟区域去抽。此时工人们已经意识到自己违反了规定，于是纷纷惭愧地道了歉，从那以后再也没有人在“禁止吸烟”区域吸烟了。

面对工人的错误，这位厂长并没有批评，却达到了比批评更好的效果。因为厂长没有说一句言辞激烈的话，就让他的员工认识到了自己的错误并主动改正。毋庸置疑，用含蓄的指正来代替批评更容易让人接受。

而不得当的批评，很难令人心悦诚服，即使嘴上服从了，心里也一定不服气。因此，批评也要讲求方法。

工作中不乏一些领导痛批下级的场面，那是因为领导从未对员工将心比心过。在那样的场景中，如果还有第三者在场，被批评的员工就会颜面扫地，而第三者难免会感到尴尬和忐忑不安，他可能会想：“下一个批评对象是不是轮到我了？”如此一来，会在无形中令员工感到恐慌和危机重重。这也许是领导者的无心之失，但这会严重损害领导者在下属心中的形象，甚至会影响到整个团队的工作情绪，公司的业绩又何谈蒸蒸日上呢？

那么，我们到底如何正确地批评下属呢？

1. 私下批评。

如果领导在公开场合批评员工，不仅会使其颜面尽失，还会使双方的关系降到冰点。就全体员工而言，不仅打击了士气，还会打击人心，从而使员工们对领导颇有微词，甚至会出现跳槽的想法。此外，这样的领导带出来的下属也会模仿这种工作作风对待自己手下的员工，这样的领导带出来的团队也是没有凝聚力和战斗力的。

所以领导一定要在批评员工时避免公开进行，一次密谈，一通电话足矣。这样既能维护被批评者的尊严，也能让对方坦然接受并深深反省自己，从而积极改正。

2. 巧施弦外之音。

利用弦外之音可以避免与员工正面交锋引起员工的反感，而且用一种委婉迂回的方式来提醒员工，还可以达到意想不到的效果。

举一个例子，在一家企业举办的活动上，邀请了很多名家到场，而活动策划人因一时疏忽忘记将桌签带到会场，可是会议马上就要开始了。巧的是在会议的前一天晚上这家企业的老总在办公室看到了被落下的桌签，于是带到了会场，就在活动策划人急得团团转时，老总将桌签递给了他，并开玩笑说："下次可不一定有人愿意当跟班了，一定要重视这个问题啊！"自此，那位员工再也没出过这类差错，并且每次活动都策划得滴水不漏，还得到了领导的提拔。

3. 鼓励为先，鞭策为后。

倘若某员工没有按照工作进度完成工作，领导若直言批评道："我对你真是太失望了！"这位员工听后，很可能第一感觉就是领导不重视我了，领导对我非常不满意。倘若我们换一种方式来处理，可能会收到更积极的效果。你可以说："你做事向来都是很积极的，这次是有别的原因吗，我很重视这件事情。"这样不仅能够很好地解决问题，而且也不至于把上下级关系处理得很紧张。

4. 点到为止，留有余地。

画家在画花鸟时，常常只画三两支，而不会画满，然后让鉴赏者品味其中意境；诗人写诗时也是如此，寥寥几笔就能达到"言有尽而意无穷"的效果。同样的道理，领导也要学习这样的表达方式。有时候不必把话说得那么白、那么满，应留有余地，能够让员工了解到自己的意思，认识到自己的问题即可。

▼

与同事聊，亲和为上

同事关系太微妙，管住嘴巴很必要

与同事聊天，要管好自己的嘴巴。相信所有的人都希望在办公室里能和同事们和睦相处，希望可以拉近和同事之间的距离。然而，聊了不该聊的事或聊的方式不妥往往会让我们事与愿违。因此，我们需要注意与同事的聊天内容和方式。下面几点都属于不适当的表现，我们应当以此为戒。

1. 尖酸刻薄，说话不饶人。

人与人之间的想法很难一致，在与同事闲聊时，轻松的、善意的、玩笑式的谈话更能促进交流、调节气氛。有些人说话阴阳怪气、刁钻刻薄，意见不一致时就会不留余地地与人争辩，这样只会破坏闲聊的气氛，甚至可能会引起争吵，破坏彼此之间的感情。特别是在闲聊中你已经陷入了四面楚歌的时候，你还一而再再而三地不饶人的话，那么你就会被所有的同事孤立。在职场中，闲聊就是为了舒缓心情，聊的内容是什么不重要，谁对谁错也不重要，一定要争个对错只会毁了自己的人缘。

2. 喋喋不休，自顾自地说话。

很多人在闲聊时，喜欢一直把自己放在话题中心，不停地聊着关于自己的事，说自己感兴趣的人和事。这样自顾自地说话确实满足了自己聊天的欲望，使自己内心得到了快乐，但会惹他人厌烦，渐渐地，就没有人喜欢和你聊天了。闲聊的时候，一定要注意不要光顾自己说话，也给别人一个表达的机会；不能只聊自己感兴趣的东西，要适当把握话题支配率。亚历山大·汤姆曾说：“我们谈话就像是一次宴会，不能吃到很饱才肯离席。”这句话我们每个人都应该引以为戒。

3. 自以为是，自命不凡。

在跟同事闲聊时，倘若表现出一副无所不知、无事不能的样子的话，只会引起对方的反感。同事之间信马由缰地聊，话题可能会涉及各个方面，你若一再表现自己“上知天文，下知地理”，只会“搬起石头砸自己的脚”。闲聊的目的是为了促进沟通、增进彼此间的了解，而不是为了显示自己的才识。老子有这样一句话：“言者不知，知者不言。”在与他人交谈时，什么都说，什么都想表现的人，恰恰可能对什么都一知半解。自以为是、自命不凡的闲聊只会让同事觉得你在吹嘘炫才，这种人是不会受到别人欢迎的。

4. 一味抱怨，散播悲观情绪。

每个人都会遇到不如意的事情，面对各种挫折和痛苦，有的人会知难而进，有的人则知难而退，甚至怨天尤人。在与同事的交谈中，一味地散播悲观情绪，诉说自己的苦难、愁苦的人，往往会给人留下一种消极悲观、能力不济的印象。一次两次，别人可能还会同情你、安慰你，次数多了，大家都会受不了，会渐渐地远离你。我们应该避免这样的闲聊方式，管好自己的那张嘴。

5. 背后诋毁，说人坏话。

同事之间的关系本来就微妙而复杂，偏偏有的人一闲聊就关不住话匣子，无所顾忌，什么都说。在闲聊的过程中说他人的坏话是职场大忌，如不注意，早晚会给自己带来麻烦。我们应做到不在背后诋毁他人，同时不人云亦云，以讹传讹。

王娇是公司新来的实习生，性格开朗、大大咧咧。同一办公室内的李梅前几天被经理提升为主任，很多同事内心觉得不服气，在背后经常说："她比我们强到哪里去了，为什么要升她的职？"同事们你一句我一句，常数落李梅的缺点。

王娇见大家都在背后说李梅的坏话，她也毫无顾忌地说李梅办事拖拉、疑心太重等。谁料，王娇的话被一个阳奉阴违的同事转达给了李梅。

李梅心想："比我资历老的员工心里不服气我还能理解，王娇一个初出茅庐的实习生有什么资格说我？"从此之后，李梅对王娇态度很冷淡，但凡重要的项目从来不交给她，还经常指责和刁难她。王娇成了背后说人坏话的牺牲品。

对于职场上的同事而言，大家在合作的同时又面临着竞争，因此彼此之间的关系较为脆弱，哪些话该说，哪些话不该说，一定要时刻谨记，明白职场法则，提高职场情商，才能立于不败之地。

对打探隐私的同事，这样婉拒

张晓晓是一个非常爱八卦的女生，喜欢打听别人的隐私，尤其是他人的恋爱进展和家庭私事。一天，公司新来了一位同事，正好坐在张晓晓的旁边。午休的时候，张晓晓便和新来的同事聊上了，各种问题接踵而至，“你多大了呀？”“你家是哪里的？”“有没有对象呀？” “男朋友是做什么工作的呢？”“有没有买房呀？”

新来的同事是一位性格腼腆的女生，不知道怎么拒绝张晓晓的打探，只好一五一十地回答了她的问题。

没想到第二天，同事都知晓了她的情况，甚至公司还起了一些关于她的似是而非的流言。

有句话说得好：“有人的地方就有八卦。”有些人喜欢八卦，喜欢打听他人的隐私，对自己挖掘到别人不知道的信息而感到兴奋，会有意无意甚至添油加醋地散播给别人听。

在与同事交谈时，适当自我暴露能够获得对方的好感，促进交流。但是，如果把握不好度，凡事都有问必答，反而会给自己带来麻烦。因此，在职场中，对于那些刻意探听隐私的人说“不”，不仅是工作的需要，也是自我保护的需要。

小凡在一家销售公司上班，每个月的工资与业绩直接挂钩。小凡工作能力出众，业绩突出，所以每个月的工资也很丰厚。同部门的一个女同事总是想着法儿地打探小凡的月薪。平时女同事打听有没有男朋友、家里有没有买房这类事情时，小凡还能应对，但当问到工资时，小凡就不知道该怎么来回答了。

工资的高低属于个人隐私。在人际交往中，工资情况是一个雷区。一般而言，每个人都不希望他人知道自己的工资，尤其是同单位的同事。有人曾说："两个人讨论工资多少，永远都会有一个赢家，一个输家，总会有人不高兴。"随意泄露自己的工资情况，不仅会给自己带来不必要的麻烦，还会影响公司内部的安定团结。

然而，总会有人以各种名义来打探你的工资情况，他们会先说出自己的工资，并以此作为交换，追问你的情况。如果你碰到这样的同事，最好在他刚开始谈论时便打断他，直接对他说"公司明确规定同事之间禁止谈论工资情况"等。如果他执意继续，你可以闪烁其词，用"咱俩差不多""我都不好意思说自己工资多少""刚好够自己一个人生活"这样的话搪塞过去。如果都这样说了，对方还不识趣，非要问具体的数字的话，那么你也不必拉不下脸来了，你可以直接说：

“对不起，我不想谈这个问题。”

除了工资外，有关自己隐私的问题你都没有必要随便透露。比如，你的家庭背景、你与亲朋好友之间的关系、你与老板私下的交往、你与众不同的思想等，这些都有可能成为别人对你说三道四的理由，影响到你的工作。

倘若是关系很熟的同事，你难以搪塞过去的话，可以试着采用腼腆、狡猾、幽默的方式轻松回应。比如，对方问你的年龄时，可以保持幽默感，回答：“我永远 18 岁！”再比如，对方问你恋人情况时，你可以略带腼腆地回答：“我还是想保持一点儿神秘感。”当对方问你的家庭情况时，你可以假装严肃地问：“警察要查户口啊？”

同事不仅是合作关系，更是竞争关系，它不同于自己的父母以及兄弟姐妹，应保持适当的距离。作为一个职场人，你应明确地知道哪些话可以说，哪些话不能说，哪些问题要认真回答，哪些问题要含糊其辞，哪些问题要坚定地说“不”。只有做到这样，才能保障自己的职场生涯顺利进行。

办公室内容易滋生闲话，学会机智地回答有关你隐私的提问，在不伤害同事关系的前提下保护好自己的隐私。

▼

与长辈聊，别犯怵

这样说服父母才有效

有句话说得好："父母和子女，是彼此赠予的最佳礼物。"父母和子女之间的关系本应是最亲密的关系，但是由于种种原因，很多人觉得父母是"最熟悉的陌生人"，和他们交流起来总是有难以弥合的代沟，很多时候还会因为交流和沟通不畅产生矛盾。一些父母认为自己对于子女有着绝对的权威，所以固执己见，只要认定自己的做法正确，无论子女如何争辩都无济于事。

所以，要想说服父母，需要运用特殊的交流和沟通方式。

伟大的数学家、物理学家、天文学家伽利略，出生在比萨的一个没落贵族家庭。他的父亲精通音乐，对科学也有兴趣，他的母亲则是一位衣料商的女儿。伽利略从小受到父亲的影响，对音乐、诗歌、绘画和机械都有浓厚的兴趣。但是父亲不想让他从事这些“挣不到钱”的行当，而是想让他学医。17岁时，伽利略拗不过父亲，进入了比萨大学医学系。他在年轻时就立下雄心壮志，要在科学研究方面有所成就，所以对医学类的课程毫无兴趣。于是，在第一学期结束时，他想转到数学系，但是他知道父亲肯定不会同意，于是决定用真诚去打动父亲的心。

这一天，他从大学回到家里，看到父亲心情不错，于是上前问道：“父亲，我有一件事很好奇：您当初为什么要和母亲结婚呢？”

“因为我爱上她了。”

“你没有想过娶别的女人吗？”

“没有，在结婚之前，家里的人曾经催我去娶一位社会地位较高的女士，但我对你的母亲情有独钟，所以坚持和她结婚了。”

伽利略说：“您不娶社会地位高于我母亲的女人，是因为您爱她。现在的我也是如此，除了科学，我不会爱上别的职业。财富对我来说毫无价值，因为科学是我唯一的需要，我对它的爱胜过对美貌女子的倾慕。”

父亲说："那么，你想怎么做呢？"

伽利略说："亲爱的父亲，我已经 18 岁了，我不想再浪费时间去学我毫无兴趣的医学，我想转到数学系去。"

父亲似乎有所感触，但却没有说话。伽利略看到父亲没有动怒，知道他已经被自己说动了，于是继续说："父亲，我知道您热爱音乐和科学，虽然您有才干，但没有力量，而我却兼而有之。为什么不让我继承您的愿望，继续走科学的道路呢？我一定会成为杰出的学者，得到教授的身份。我能够靠这个维生，远远超过当一个不称职的医生。"

父亲终于被打动了，伽利略转到数学系之后，孜孜不倦地学习数学、物理学等自然科学，很快就在大学里名声大噪，人人都认为他有出色的才能。25 岁时，他就成了比萨大学的数学教授，并逐渐成长为一位伟大的科学家。

在越来越多的孩子觉得跟父母难以沟通的今天，要想更好地说服父母，以下几个建议可供参考：

1. "献殷勤，套近乎"。

献殷勤，并不是让你用虚情假意去"套路"父母，而是要真心实意地孝敬他们，让他们感到心情愉悦，这时候提出你的看法，他们更容易接受一些。作为儿女，关心父母的身体和健康并为父母排忧解难，本来就是我们义不容辞的责任。但是在生活压力越来越大的今天，很多人对父母的关心都有所懈怠。所以，不妨借着说服他们的机会“献殷勤”，用诚恳、亲切的态度关心父母，这样你的意见父母才能听得顺耳，不仅有助于说服他们，还能增加感情，可谓一举两得。和父母交流，一定要耐心、认真地回应，他们总是希望了解子女更多的事，千万不能敷衍了事。

人与人的交流以互相尊重为基础，子女和父母也是如此。除了一些必须坚持己见的原则问题之外，子女都需要多听听父母的意见，尽量和他们“套套近乎”。就算有些时候很清楚无法按照他们说的去做，也不要刻意违拗他们，这样能让父母高兴，有利于随后的说服工作。

2. 多用类比法讲道理。

说服父母时，可以巧妙地将父母过去的经历和自己目前的处境进行类比，让他们感同身受，这样更容易使他们认同你的意见。

有一个年轻人，大学毕业之后想到南方去闯一闯。他软磨硬泡说服了母亲，但是父亲却不想让他离家那么远，始终不肯答应。最终，他是用这样的理由说服父亲的：“父亲，您跟我说过，您当年 18 岁时就孤身一人到陌生的城市去工作，经过多年的努力才取得了今天的成果。我已经 22 岁了，比您当时还大好几岁，为什么您就认为我没法照顾好自己呢？请让我去南方吧，我对那里向往已久了，早就下定决心一毕业就过去闯荡一番，在家乡我是无法安心工作的。现在坐高铁几个小时就能回来了，我们还可以用视频交流，您何必过分担心我呢？”父亲想了想，终于点头同意了他的请求。

3. 以父母的期望为论据。

“望子成龙，望女成凤”，父母都有这样的心理，对子女的未来充满希望。但是，他们的心理也有矛盾的地方：既希望孩子能够勇敢打拼，从而出人头地，又害怕他们社会经验不足，会在打拼时吃苦。这种情况下要说服他们，就要让你的意见和他们的期望保持高度一致，让他们产生认同感，说服力就会大大增强。

小金毕业于名牌大学计算机系，应聘了一家初创的人工智能公司，踌躇满志地想干出一番事业。父亲担心儿子入错行，耽误未来的发展，于是想让他当一个稳妥的公务员。小金对父亲说：“我找的这家公司虽然目前规模不大，但是却非常有前途，又跟我的专业对口。您常看新闻，肯定知道人工智能是目前全世界最热门的高新产业之一，我只有在这样的‘朝阳’产业中才能干出一番事业。这家公司的总经理承诺，只要我去就能进入核心研究部门，这是一个难得的学习机会。我知道您是为了我好，希望我能安安稳稳的，但是我记得您总是说让我成为一个掌握高精尖技术的人才，现在为什么又想让我到论资排辈的机关单位去呢？您应该清楚我的性格，在那里我何时才能出人头地呢？”小金的话说得如此透彻，父亲还有什么理由反对呢？

父母对子女的期待是一以贯之的，他们有时候之所以会动摇，主要还是为子女考虑。在说服他们时，只要强调他们的期望，用他们的话当论据，一般都能让他们兑现自己曾经说过的话。

4. 发挥坚决态度的震慑力。

在说服父母时，语气要温和、恭敬，但是态度必须坚决，让他们知道你无论如何都不会动摇，而且如果选择错误了，自己会勇敢承担后果。这种坚决的态度会产生很强的震慑力，让父母看出你的决心、主见和责任感，相信你不是一时冲动做出的决定，就不会一味地反对，反而会给你一个去尝试的机会。

最后要注意一点，那就是如果你意识到自己的意见不对，那就不要为了所谓的面子去和父母争论，而是应该坦然地放弃，父母也会原谅你的。

拒绝长辈好意，要有礼有节

我们所处的是一个讲究“长幼有序”的社会，对长辈的顺从自古以来就被视为一种崇高的美德。无疑，长辈们有着丰富的人生经验，他们的指点和提携能够让我们少走很多弯路，但是生活中类似于长辈安排的相亲、长辈安排的饭局、长辈交代的事情、长辈预定的约会等往往与今天的年轻人有着种种冲突和矛盾，让一些人颇感痛苦。

艾莉在父亲的战友以及多年好友李伯伯的帮助下进入省城某所高校工作，由于她的父母都在老家，所以李伯伯让她把自己家当成“第二个家”。她的父亲更是把她的婚事都托付给了李伯伯。李伯伯一家完全把艾莉当自家人看待，让艾莉非常感激。但是这也给她带来一个巨大的烦恼：李伯伯发动自己的一切力量替她物色合适的对象，艾莉觉得自己简直成了相亲专业户。她有心不去，但是李伯伯两口子把她的婚事当成头等大事，他们总是自己先把“候选人”筛选一遍，尽量掌握他们的情况，认为靠谱的才安排艾莉去见。眼看李伯伯一家这么热情，艾莉怎么忍心驳老人家面子。她几乎没有业余时间学习充电了，隔三岔五要去李伯伯家相亲，她觉得很累，也很焦虑。

作为年轻人，尊重长辈、虚心向他们学习、听从他们的劝告，都是应该的，因为他们作为过来人有着丰富的人生经验，可供我们借鉴和参考的地方非常多。况且，尊老爱幼作为中华民族的传统美德是不会因时代的发展而褪色的，需要年轻一代发扬光大。但是，长辈们毕竟和年轻人有着巨大的观念差异，有代沟是难免的，所以很多时候一片好心却得不到年轻人的认同，甚至进行一些不合理的安排，让年轻人吃不消。所以，对于长辈善意但不合理的安排，必须要进行有技巧的拒绝，才不致影响自己正常的生活。此时可以尝试下面这些拒绝方法：

1. 甜言蜜语哄着他们。

拒绝长辈的安排时，必须保持礼貌，避免给长辈留下不懂礼貌的坏印象。很多上了年纪的长辈仿佛是“老小孩儿”，必须用甜言蜜语哄着他们，他们一旦中了你的“糖衣炮弹”，就很可能放弃不合理的安排，尊重你的选择。

2. 必要时用善意的谎言来当挡箭牌。

如果身边有热心的同事总帮忙介绍对象，如果你不想见就可以用一条善意的谎言来让对方停止行动。例如，你可以这样说："王姐，其实我有男朋友的，但是他现在在国外留学，我想等他回来。如果我们俩成不了，那时候再拜托您帮我找吧。"这样既不会让对方不快，又能够避免被相亲弄得身心俱疲。

3. 用崇高的理想感动他们。

一个人在上海工作的小张，常常受到妈妈的同学孙阿姨的邀请，不是让她去家里吃饭，就是带她出去逛街。小张很喜欢孙阿姨，但是频繁地去她家打乱了小张自己的很多计划。于是，她报了一个俄语培训班，并主动告诉孙阿姨，请她原谅自己无法经常来看她，还将自己几年之内的计划详细地讲给孙阿姨听。孙阿姨觉得她非常上进，就不再那么频繁地邀请她了。所以，我们面对长辈们不厌其烦的邀请和安排时，也可以学学小张，用自己"崇高的理想"打动他们，相信长辈会支持你的决定，不再占用你学习、上进的时间。

好好交流，婆媳并不是死对头

在无数的影视剧等文艺作品中，“婆媳矛盾”总是一个热门的题材，甚至冠以“婆媳战争”的名头。诚然，在家庭生活中，婆媳关系的确是复杂且难以处理的，但婆媳间的紧张关系并不是不可改变。做儿媳的只要在说话上下点儿功夫，掌握一定的与婆婆的交流技巧，很多的矛盾是可以避免的。

很多人受传统思想的影响，以为婆婆和儿媳天生就是“死对头”，其实，这种思想早就过时了。所以，儿媳要想迅速融入新的家庭，就要把婆婆当成朋友，而不能当成敌人。但是，这也不是说要和婆婆“知无不言，言无不尽”。而要把婆婆当成那种保持一定距离且又有相关利益需经常联络的“朋友”。即见面热情寒暄，相处起来相互尊重。

同时，不要为了博取好感刻意伪装自己，因为毕竟成为一家人了，靠伪装是无法长时间隐瞒的，还不如索性在婆婆面前保持自己的个性，一些不好的习惯很可能会在新的环境中得到矫正。所以，自己的习惯最好别藏着掖着，光明正大地表现出来就可以了。否则，一旦你不小心露出了“狐狸尾巴”，给婆婆留下的坏印象就很难扭转了。

还有很重要的一点就是，不要与婆婆发生正面冲突。婆媳最初本是陌生人，互相了解很少，要变得亲密必然有很长的路要走。坦率地说，即使始终都无法亲密也是很正常的事。所以，婆媳在相处的过程中免不了有大大小小的矛盾和摩擦。当婆婆的某些行为不合你的心意时，当面拒绝很可能伤她的自尊，这个时候不妨借用别人的嘴来表达你的意思。

尤娜结婚一年多了，一直和公公婆婆住在一起。她性格很好，人又勤快，与二老相处得很融洽。最近，尤娜检查出怀了身孕，一家人高兴极了，婆婆对她更关心了，成天嘘寒问暖不说，所有的家务都不让她碰了。

没想到，这么一件好事却带来了一个不小的烦恼。事情是这样的：尤娜的妈妈患有比较严重的高血压，她的外公和外婆全都是因为高血压引发中风过世的。尤娜为了规避风险，所以饮食一直很清淡，这个理由她跟婆婆说过，也得到了老人的理解。但是，自从得知她怀孕后，婆婆总是想方设法地让尤娜吃一些高脂肪、高蛋白的食物，例如猪蹄汤、鱼汤等。尤娜不得不重申自己饮食清淡的理由。但是没想到多说了几次之后，婆婆反而不乐意了："我这都是好心，你不吃这些，孩子营养不足怎么办呢？"尤娜虽然知道婆婆是好意，但是她很清楚，孕妇如果血压高的话，不仅影响自身健康，还会危害到胎儿。想到这些，尤娜真是坐卧不安。

经过一番思考之后，尤娜想到了解决的方法：她让丈夫借口工作忙抽不开身，请婆婆陪自己去产检，并提前给医生打了个电话，请医生帮忙劝婆婆。婆婆高高兴兴地陪尤娜进行了产检，胎儿一切正常，这时医生突然神色凝重地对婆婆说："通过我们的检查，孕妇的血压是有一点儿偏高的，如果不加控制，孕妇和胎儿的健康都会受到影响。所以，孕妇的饮食必须尽量清淡，少吃高蛋白、高脂肪的食物……"婆婆吓得脸都白了，出了医院后，她对尤娜说："原来孕妇血压高这么危险啊！早知道我就不逼你吃高脂肪、高蛋白的东西了……"尤娜终于松了口气。就这样，尤娜借助医生之口，不仅说服了固执的婆婆，还丝毫没有损害婆媳之间的关系。

▼

与陌生人聊，也别尬聊

好的开场白，是成功交流的一半

俗话说："好的开头是成功的一半。"在人际交往中，这句话可以改成："好的开场白是交流成功的一半。"人们在与他人交谈时，往往在开头是好奇心最浓、兴趣最大的，也最容易被谈话氛围所感染。一旦你的开场白苍白无趣甚至招致反感，这场交流也差不多算失败了。正如著名人际关系学大师卡耐基所说的那样："开场白是讲话者向听众最先发送的信息，它如戏剧演出前的开场音乐，直接影响到听众的心态。"

我们一生中认识的大多数人，都是由陌生到熟悉的，其中很小的一部分会成为我们一生的朋友，大多数人都在我们生命中匆匆消失了。一个陌生人之所以能够变成朋友、顾客或者支持者，初次见面时的开场白往往有着较为重要的影响。我们见到初识者往往会问："请问您贵姓?"知道了对方的姓名可以追问一句："请问是哪几个字?"在很多的场合都可以这样说，既表现出礼貌，又能让对方感受到你对他的重视。而在一些特殊场合，开场白就必须仔细斟酌了。

有一个比较典型的例子：今天，在北京百货大楼前矗立着一尊塑像，那并不是某位领导的塑像，而是一位普通的售货员，他的名字叫作张秉贵。张秉贵是北京百货大楼的糖果售货员，曾荣获全国劳动模范的光荣称号。他曾写过一篇名为《柜台语言很重要》的文章，详细谈到自己不断改进服务用语的过程。最开始，他见到顾客上门会问："同志，您想买点儿什么?"有的顾客就会反问他："不买东西，难道就不让瞧瞧吗?"他认为是自己的措辞不当，所以改成："同志，您要点儿什么?"但还是有顾客反问他："我什么都要，你给我吗?"这又让他哑口无言。此后，他反复琢磨、推敲，终于找到一句最合适的开场用语："同志，您想看看什么?"这句话在百货商场来用非常合适，实践证明，顾客也都比较满意。

同理，我们在跟别人第一次见面时，开场白直接影响到交流的氛围。想要给人留下好印象，想与对方有更多的交流机会，有必要掌握一些说好开场白的技巧。一般来说，以下几种都是比较成功的开场白形式，我们可以适当借鉴：

1. 以提问开场。

人无论被问到什么问题，总是会下意识地进行思考，这是心理学上的一个常识。我们不妨利用这个心理，在说开场白时提一个问题，迅速让对方的注意力集中起来。对方在期盼你说出答案的同时，也就会不由自主地关注你。所以，以提问为开场白很容易引起别人的注意。但注意不能提太过简单的问题，对方不假思索就得出了答案，这起不到效果。所以，你可以问一个有趣味又不是那么容易得出答案的问题，要能引发对方的思考，当然，如果你能问一些出人意料的问题那就更好了。

伟大的科学家伽利略的母校比萨大学曾举行过一场隆重的学术报告会。进行报告的人中有一位不太知名的意大利学者，但是听报告的人中不乏举世闻名的专家、教授。想给这些大人物留下深刻印象不是一件容易的事，所以那位学者决心用一句不同寻常的开场白引起大家的注意。于是，他走上讲坛之后，用英语问大家："尊敬的各位先生、女士，你们觉得我应该用英语进行报告，还是用法语呢？"这句别出心裁的开场白出乎听众的意料，又展现出这位学者的博学多才，现场的气氛迅速活跃起来，听众们也对这位学者留下了很好的印象。

2. 以动作开场。

我们与陌生人交谈时，并不是总在安静的环境下，很多时候会在一些声音嘈杂、秩序相对混乱的情况下进行。这时，对方的注意力很可能被噪音或者其他东西吸引住，我们的开场白就无法引起他的注意了。这个时候如果大声喊着与对方交流，会让对方觉得我们缺乏素养。这个时候，用什么样的方法会更好呢？

有一位中学老师的做法就很值得我们借鉴。一次，课堂上非常骚乱，这位老师的个性比较温和，他知道此时拍着桌子大叫“静一静”之类是没什么效果的，于是他默默地转身，开始在黑板上一一写下学生们的名字。很快，学生们被他这个异常的举动吸引住了，没多大会儿就完全安静了下来，将注意力集中到黑板上。这时，老师默默擦掉黑板上的字，开始安心讲课了。我们与别人第一次交流时，如果担心对方被其他东西吸引，也可以借鉴这位老师的方式，用适当夸张而又不失优雅的身体语言，吸引住对方的注意。

3. 以故事开场。

多数人都喜欢听故事，尤其是那些精彩的故事。我们在与别人初次交流时，如果能将有趣的小故事融入开场白中，对方肯定会很感兴趣，会有与我们继续交流的欲望。

卡耐基是一名出色的演说家，他有一次成功的演讲是这样开场的："在我大学刚毕业那年，遇到了这样一件事：那是一个晚上，我步行回家路过一条大街，看到一群人围着一个脚下垫着箱子在说些什么的人。我出于好奇加入了人群，想听听他在讲些什么。没想到，他接下来的话让我非常惊异，他是这样说的……"听众为了得知那个人说了什么，注意力非常集中。但是我们平常的交流毕竟不同于演讲，要是想用故事作为开场白，必须注意很多问题：所选故事情节必须跌宕起伏；最好是真实的故事，这样才有说服力和感染力；故事篇幅不能太长，双方毕竟还不熟悉，讲长篇大论会很不合宜，而且容易让人厌倦。

4. 以自嘲性的语言开场。

我们与陌生人第一次交流，双方都不了解对方，这个时候运用一些无伤大雅的自嘲性语言来介绍自己，一定程度上能够消除双方的距离感，让对方觉得你真实、可亲，会将对方与自己的距离拉近。但是注意自嘲并不等同于自我贬损、破坏自己的形象，选择语言时一定要避免妄自菲薄。

在一次联欢晚会上，一位歌手在开场白中这样介绍自己："他们认为我长得很中国，五千年的沧桑和苦难都写在我脸上了。女观众对我的印象不太良好……她们认为我是人比黄花瘦，脸比煤球黑。"台下闻言爆发出一阵笑声，晚会的氛围变得非常好。

找出共同话题，打破交流坚冰

在一架北京飞往三亚的客机上，两位男士坐在同一排。靠窗的那位悠闲地读着空姐送来的报纸，后来的那位放下行李坐稳之后，跟里面那位男士攀谈起来："您到三亚是做什么？"

里面的男士看起来像一位成功的企业家，他很有涵养，虽然有一点儿不想闲聊但还是礼貌地回答："去度假。"

"哦，我也是去度假。我的家人已经先我一步到那里了，我有些事耽搁了才独自飞过去。"

"真巧，我也是一样的情况。"

“您也是北京人吗？”

“不，我是承德人。”

“啊，承德可真是个好地方啊！我已经连续3年夏天都到避暑山庄去玩了，我尤其喜欢外八庙，那里的景色别提多迷人了……”

里面的男士瞬间来了兴致，他放下报纸，两人开始讨论起避暑山庄的七十二景，直到飞机广播快到目的地了还在聊，但是话题已经转换好多次了。飞机落地之前，两人已经互赠名片，约好带家人一起到某个景点游玩了。

两个陌生人的搭讪、交谈直到约定一起度假，就在于他们找到了“避暑山庄”这个共同话题。我们与陌生人交流时，也要善于找共同点。

1. 要懂得察言观色，找准交流的切入点。

就算是陌生人，对方的心理状态、精神追求、生活爱好等，也会一定程度上反映在他的服饰、谈吐、举止等方面，只要细心观察，总能够发现自己与对方的共同之处。

一辆大巴车上，一位退伍军人与一位陌生人坐在同一排，两人看起来都是不太爱说话的人，所以也没有什么交流。车开到半道，突然抛锚了，驾驶员忙活半天都没有找到问题所在，急得满头大汗，车上的乘客也开始连连抱怨起来。

这时，坐在退伍军人身边的乘客走上前去对驾驶员说："你去检查一下油路吧，我估计是那里的问题。"驾驶员将信将疑地去查了一遍，果然找到了问题，车又启动了。

那个人回到座位后，退伍军人猜测他的这一绝活可能是在部队学到的，于是试探地问道："你在部队待过吗？"

对方笑着说："是的，我在部队当了六七年的驾驶员呢！"

"噢，我也是部队的驾驶员啊。你当兵时部队在哪里？"两个陌生人就这样谈了起来。这位退伍军人很善于观察，发现了他们都当过兵这个共同点，打破了沉寂的气氛。

2. 以简单问话试探，找出共同点。

在一些特定场合下，两个不得不近距离相处的陌生人，如果一直保持沉默，场面会非常尴尬。要打破这种局面，必然有一方要先开口讲话。但是，如果试探的话选择不当，就有可能引起更大的尴尬。对方会以为你别有所图，用冷言冷语来回应，甚至对你置之不理。所以，选好试探性语言非常重要。通常陌生人搭讪都是以简单的问话开场，例如询问对方的籍贯和身份等，获取相应的信息以便于进一步交流，除了对方的回答之外，他的口音、言辞等都会一定程度上反映出一些情况。此外还可以用边帮对方做某些事边问话来发现对方的特点，开始双方的交流。

一家超市里，一位个子比较娇小的姑娘盯着货架上层的一件商品，表情焦急地冲着不远处的一位服务员喊道："服务员，你能帮我拿一下那件商品吗？"她的普通话虽然标准，但是"我"却说成了地道的苏北方言。那位服务员没有听到，姑娘就伸长胳膊想自己去拿那件商品。恰好，附近的另一位顾客也是苏北人，听了姑娘的话之后，顺手把商品取下来递给姑娘，并用苏北话问了一句："姑娘，你也是苏北人吗？"在千里之外的城市听到渗透着家乡气息的话，让这位姑娘感觉非常亲切，她点了点头，两位陌生人相视一笑。结账时，两人又碰上了，于是一路谈着话走出超市，从老家谈到工作单位，从眼下的境况聊到几年来走过的路，介绍着将来的打算……

3. 通过第三者介绍，揣度共同点。

这种情况需要有一个与自己和对方都认识的第三者来实现，"破冰"的难度是比较低的。例如，你到朋友家串门，恰好他还有其他客人在，对两人都比较熟悉的主人就可以居中介绍双方的一些情况，如与主人的关系、各自的身份、各自的工作单位等都可以简单掌握，甚至双方的个性特点、爱好也能略知一二。细心的人通过简单的介绍就能找到双方的共同之处，接下来的交谈就容易多了。

有第三者居中介绍时，双方要进一步交流还需要一个突破口才行，否则也容易演变成双方都跟第三者搭话，互相之间却无话可说的情况。这个突破口就需要你在听到第三者介绍时就进行仔细分析，找到一个共同点就要立刻在交谈中延伸，不能错失良机，随后就可以不断地发现新的共同关心的话题。有两个素不相识的人在一个朋友家见面了，他们一位是商人，一位是中学教师，看起来不像有太多可聊的话题。但是，主人对二人做了介绍之后，商人立刻发现自己和对方都是主人的同学，所以开始围绕“同学”这个突破口跟教师搭话，话题一旦引出，两人很快聊得火热了，也变成了朋友。

陌生人初次相识，寻找共同点的方法还有很多，只要你用心发现、合理运用，陌生人之间交流时的坚冰是很容易打破的。只有善于打破这层坚冰，你才能交到更多的新朋友。

▼

与朋友聊，不能肆无忌惮

安慰的话要思量再开口

小诺去一家五百强企业面试，结果没有拿到offer，于是沮丧万分地找闺蜜诉苦。没想到闺蜜说："哎呀，我早跟你说过，去面试之前先在家模拟一下。你要是听我的就好了，别难过了，下次争取吧。"

小诺听了之后心里很不是滋味："你这是在安慰我吗？比挖苦还让人难受，就你懂得多，我蠢还不行吗？你又没有参加过五百强公司的面试，我为什么要听你的？再说了，我哪知道怎么模拟！"

上文中，闺蜜说的"别难过，下次争取"是比较常见的安慰的话，难过的人往往想找人倾诉一下，这样的话是中规中矩的。但是她前面的一番话却对朋友造成了一定的伤害，会让小诺觉得她在显摆自己比小诺高明，这就完全与安慰的本意背道而驰了。

其实，闺蜜完全可以这样安慰小诺：

“我知道你对这家公司心仪已久，错过真的有点儿可惜。不过也不是毫无收获，你现在应该知道五百强企业的面试流程了，可以总结一下哪个环节出了问题：是准备不充分，还是临场发挥失常，或是因岗位不匹配遭到了拒绝？这都可以为下一次面试积累经验，你的学历和资历摆着呢，怕什么？”

这样既不会打击对方的自信心，又缓解了她因面试失败而产生的焦虑和挫败感。

很多时候，我们安慰别人时往往找不到合适的语言，有时候还会一时不慎说错话，产生反作用，那时候真是恨不得时光倒流，收回错话。那么，得体的安慰话要怎么说呢？这里给出几个小建议：

1. 不要以自己的想法为中心，要顾虑对方的感受。

当一个伤心的人找你倾诉时，你要牢记自己的任务是支持他、帮助他，这就要求必须顾虑对方的感受，而不能只想到自己的感受，尤其不能以对方的不幸际遇为借口，大聊特聊你自己的类似经历，这样完全起不到安慰的作用。如果你单纯说："我是过来人，很清楚你的感受。"那当然没有什么关系，但如果你的言下之意透露出你当初处理类似事情时的表现更出色之类的意思，就会让对方觉得你在炫耀自己，这就起不到安慰的作用了。

2. 专心倾听，接受他人的感受。

当对方遭遇的是失去亲人之类的巨大的悲痛事件时，他们的悲伤往往需要经过几个阶段才会慢慢消减，而且迫切需要有个人能够倾听他们的感受和回忆。倾诉越多，越能尽快走出悲伤振作起来。所以，这种时候你就当一个合格的倾听者，让他随着自己的意愿去宣泄伤感就够了，不用想方设法逗他开心，只要表示理解他的感受和心情就可以了。如果有些人沉浸在悲痛中不愿意说话，你也要对他的态度表示尊重。有一个例子很说明问题：一位正在接受化疗的女士表示，她最感激的是一个朋友的关怀，那个朋友除了不时来看看她之外，还会每天给她打一次电话，为了不让她太累，谈话时间多数控制在 1 分钟以内，而且从来不坚持让她报告病情。这样既表达出对她的关心，又不给她任何压力。

3. 安慰要以乐观为基调，但说话要切合实际。

泰莉·福林马奥尼是美国马萨诸塞州综合医院的一名医生，她曾经为数百位艾滋病患者提供咨询服务。她根据自己的经验表示，很多人慰问身患绝症的人时，由于不知道该说些什么，往往只会说“别担心，很快就会好的”之类的话，即使明知道这些话病人根本就不相信。

“在去医院探望这类病人时，说话一定要切合实际，但是基调却要是乐观的，”泰莉说，“‘你觉得怎么样了’和‘我能帮你做些什么’之类的话，永远是得体的，因为这些话能够让病人知道你关心着他，而且也知道你愿意帮助他。不要害怕和病人的接触，轻拍他的手或拥抱他一下，往往能起到比语言更有效的安慰作用。”

4. 主动提供具体的帮助。

一个沉浸在悲伤中或者是被伤病困扰的人，日常生活中的一些小事都可能让他们觉得无法负荷。这个时候你要自告奋勇，帮他跑跑腿，或是替他接送一下孩子，这类小小的帮助往往能够起到很大的安慰效果。尤其是对于伤病者来说，他们无法自由活动，会觉得生活完全不在掌握之中，如果你能帮助他们完成一些日常的小事，就能让他们放松下来，有利于恢复。

5. 要有足够的耐心。

无论有什么不幸的遭遇，人跟人在悲痛的深度和时间上都有所不同，有的人的悲痛往往会持续几年之久。对于这种悲伤异常深切或者历时长久的朋友，你要始终让他知道你在关心他，向他表示你始终陪在他身边，愿意帮他应付种种困难，靠你的耐心帮他最终走出阴霾。

交情甚笃也不能失了分寸

“距离产生美”，在很多情况下都适用。两个关系亲密的朋友，往往在某方面有共同的目标、爱好、见解，虽然有时候不乏“心有灵犀”的时刻，但并不能说明你们是毫无间隙的。很多好朋友都因为无法保持合适的距离，不分彼此，反而使他们的友谊出现了裂痕。可见，再亲密的朋友也要设定一定的底线，不要跨越朋友的禁区，那样你们的友谊才能长久持续下去。

有很多人对好友往往有这样的错误认知：我们谁跟谁啊，

讲究什么客套！他们会觉得好朋友之间彼此熟悉、互相了解，就像兄弟姐妹一样值得信赖，如果讲究客套就会显得太拘束。但是事实上，保持亲密的朋友关系的前提就是相互尊重，如果互相有强求、干涉和控制等行为，再亲密的朋友关系都会遭到破坏。好友之间过于亲密，不分彼此，一个小小的事件都可能导致双方的默契和平衡被打破，友好的关系也可能被葬送。人都有自己的原则，每个人都希望拥有自己的一片小天地，很多时候我们即使不强调自己的面子，也要保住朋友的面子，而不能以关系好为借口肆意挑战对方的底线或闯入对方的禁区，那样就容易引起隔阂、冲突。

中国号称礼仪之邦，感情的维护必须靠礼仪来进行，当然，也不要因此走入另一个极端，在任何情况下都固守着不必要的烦琐礼仪，那样也会不利于友情的维持。要想友谊长存，下面几点必须注意避免：

1. 言谈不慎，伤人自尊。

很多时候言谈不慎的情况是难以避免的，但是要注意在发生之后及时补救，并注意下一次不要再次发生。例如你在才华、相貌、家境、前途等方面高出好友一筹，如果你不分场合地大露锋芒、表现自己，言行中透露出一种优越感，就可能让朋友觉得你是在居高临下地与他交往，自尊心就会受到伤害，逐渐对你敬而远之。

一向口无遮拦的阿泰和阿宁相识多年，阿宁由于个性很好，所以成为阿泰“硕果仅存”的好朋友，阿泰很珍惜和阿宁的友谊，但是即便面对阿宁他也改不了有什么说什么的习惯。

一天，阿泰和阿宁约好带着各自的孩子去图书大厦买辅导书，他们的孩子在同一所学校读书，还是同年级，两个孩子的关系也不错。挑选英文辅导书时，阿泰和阿宁各自看上了一套，都觉得自己选得好，于是产生了小小的争执。

阿泰说：“我选的这本书内容很全面，方法也非常合理，让两个孩子用这本吧。”

阿宁说：“我选的这本内容丰富，又有习题，还是用这本好。”

阿泰笑着说：“算了吧！你高中的时候英文都没及格过，哪分得清好坏啊，我可是从没低过八十分的，听我的准没错。”

阿宁觉得非常尴尬，尤其是两个孩子都笑着看着他，让他更难堪了。虽然他还是选择了阿泰推荐的那本书，但是以后再出去玩时，他就不愿意再叫上阿泰了。

与朋友交往时态度必须谦逊，平等地看待对方，时刻注意对方的感受，这样你们的友谊才能长久。

2. 彼此不分，过于放肆。

觉得不用分彼此，而对朋友的物品处理不慎。例如，不经许可就擅自使用，使用时不加爱惜，迟还乃至不还。朋友碍于情面，一两次不会说什么，但是时间一长，就会觉得你过于放肆，从而对你产生防范心理，影响你们的友谊。

朋友之间，除了感情之外，往往还有一种非常微妙的契约关系。我们仍以借东西为例，向好朋友借东西，可以大方开口、随时借用，但是正因如此，更应牢记“这是朋友之物，应该加倍珍惜”的道理，毕竟“好借好还，再借不难”，这是个放之四海而皆准的道理，好友之间当然不例外。所以，好朋友之间也要注重礼尚往来的规矩，把珍重朋友的物品看得与珍重双方友情一样重要。

3. 过于散漫，粗鲁无礼。

言谈举止大方、亲切，不矫揉造作，这样的朋友大多数人都会喜欢，而过于散漫、忘乎所以，即使是朋友也会觉得你粗鲁无礼，久而久之就会心生反感。很多人就是这样，与一般人相处时能够保持理性、自我约束，一旦与朋友相处就完全“不拘小节”了，说话时指手画脚、信口雌黄，随意打断朋友的话或对他的话心不在焉，这虽然是你自然本色的流露，但是朋友却可能认为你有失体面，缺乏风度与修养，甚至觉得你对他不够尊重，久而久之就会疏远你。因此，与好友交流时最好做到自然而不失自重，热烈而不失态，有分寸，有节制。

4. 不识时务，缺乏教养。

去朋友家拜访时，遇到朋友正在读书学习，或接待客人，或与恋人相会，或准备外出等情况时，应该“识时务”一点儿，视情况做短暂停留后就知趣地起身告辞，对方真诚挽留再决定是否留下。如果以挚友自居，不分时间、不看场合、不顾朋友脸色，一坐下就开始夸夸其谈、喧宾夺主，完全不管对方是否如坐针毡、极不耐烦，那样就会让朋友觉得你不识时务、缺乏教养，为了避免你再次打扰他的私生活，就会对你敬而远之。

5. 乱开玩笑，恶语伤人。

有的人在与朋友处于大庭广众之下时，或为了炫耀自己能言善辩，或为了哗众取宠，或为了向众人显示他与朋友之间非常“亲密”，就会用一些尖刻的词语嘲笑、讽刺朋友，目的不过是博众人一笑，自己也得到一时快意。但是，这些人或许不知道，这种行为是会大伤和气，让朋友感到人格受辱的。如果你总是如此不加节制，朋友就会后悔误交了你，双方的友情会大打折扣甚至从此断绝。这些人或许会用“朋友间开个玩笑而已，何必较真”之类的话来为自己辩解，但是却不会站在对方的角度上想问题。因此，朋友相处，必须和睦相待、互相尊敬，千万不要乱开玩笑，尤其是在大庭广众之下更是如此，以免恶语伤人。

6. 强行索取，行事霸道。

一般人有求于人时，首先想到的总是自己的朋友，但是如果事先不进行通知，就直接登门索取，朋友有为难之处毫不体谅，依然不屈不挠、软磨硬泡，甚至不管朋友是否愿意就强行让他与你一起做某件事，这都会使朋友左右为难。如果与他既定的活动安排冲突，就会让他更加难堪。这种情况下，就算他勉强同意了，心里也会产生不快，认为你太霸道、不讲道理。所以，当你有求于朋友时，必须事先告知对方，采取商量的口气，尽量不要让朋友为难。同时，必须记住先人的这句话：“己所不欲，勿施于人。”不要强行胁迫朋友帮你做事，那样只会让你们的友情逐渐滑向深渊，难以挽救。

▼

与孩子聊，得有方法

以朋友的角色与孩子谈心

在与他人沟通时，人们往往为了让对方认同自己的观点，而将话说得过多、过满，特别是为人师者或为人父母者，很容易犯这类错误。身为家长，应尽可能让孩子多表达。即使在说服教育孩子时，也不要喋喋不休，你要适时向孩子提出问题，这样才能知晓他们内心的真实想法。

如果你不认可他的想法，想要打断他的讲话，那么请一定要克制住，因为那样做很危险。当孩子有很多话急着倾诉的时候，他听不进任何劝阻。所以不妨抱着一种开放的胸怀以及诚恳的态度，耐心地倾听，让孩子将自己的想法充分地表达出来。给孩子一定的发言权，有助于化解家庭中的矛盾。

王姐有一个女儿叫小溪，小溪从小就是一个聪明乖巧的女孩子，但是到了十几岁时却变得非常叛逆，喜欢争辩，经常和王姐作对。王姐一度教导过她，训斥过她，甚至处罚过她，但最终没有起到任何作用，反而使得她和女儿的关系更加恶化。

在一个周末，小溪因为受不了王姐的唠叨，家务还没有做完就出门去找她的朋友了。

王姐突然意识到，小溪已经长大了，不能再用她小时候的方法教育她了。于是等小溪回到家后，王姐克制住自己想对她大吼一番的冲动，尽可能心平气和地对女儿说："小溪，说说你的想法吧。"

小溪察觉出妈妈的变化，用平静的语气问妈妈："你真的想知道?"

王姐点点头，于是小溪就向妈妈倾诉了自己的想法，起初还有点儿吞吞吐吐，但当看到妈妈非常耐心真诚地倾听时，终于毫无隐瞒地说出了一切。

王姐从来没有听过女儿的心里话，她只会向女儿传达指令，告诉她什么该做，什么不该做。而当女儿想把自己的想法、感受传达给她时，她却总是毫不留情地打断。

王姐这才认识到，女儿真正需要的不是一个只知道对她发号施令的母亲，而是一个让她把成长所带给她的苦闷和烦恼诉说出来的朋友。

从那以后，王姐想批评女儿时，都是尽量先让女儿说，让女儿把内心的想法都告诉自己。慢慢地，她们之间的关系开始缓和。王姐不再需要训斥，就让原来乖巧懂事的小溪回来了。

让孩子多发表自己的看法，试着去了解孩子，你和他之间的摩擦就会大大减少，你甚至可以成为孩子信赖的朋友。从孩子的角度看待问题，就会发现一片新天地，从而创造生活奇迹。记着，你可能认为孩子的想法完全错误，但他并不这样认为。因此，不要随意责备他，试着去了解他吧。孩子存在的任何想法，都不是凭空而至。了解到背后的原因，就等于拿到解答他的言行、个性的钥匙了。

假使你对自己说："如果我和他处于相同的情况下，我会有什么感受，做出什么反应?"那你不仅能节省不少时间，还能减少许多烦恼。戴尔·卡耐基指出："若对原因发生兴趣，我们就不太会对结果不喜欢。"

吉拉德·黎仁柏在他的《打入别人的心》一书评论说："当你表现出你认为对方的观点和感受与你自己的观点和感受

同样重要的时候，交谈的气氛才更加融洽。在交谈刚开始时，就要让对方提出自己的观点或想法。如果你是听者，你要以你所要听到的内容来约束你所说的话。如果对方是听者，你接受他的观点将会鼓励他敞开胸怀来接受你的观点。”

对比西方国家家长“民主开放”的教育理念，中国的家长更信奉亘古流传的“言听计从”的教育方式。然而在当今社会，这套守旧的做法早已不适用了。孩子们应当被教育得更有主见、更独立。因此，让孩子讲述，听孩子诉说，是中国当代家长和教育者们亟须学习和掌握的教育方法。

与孩子沟通，需要家长放弃居高临下的权威地位，以朋友的角色和诚恳的态度与孩子相处。

德国教育家福禄培尔说过：“给予孩子尊重和重视，会使孩子肯定自己的同时，增强自信、学会自尊。而自信与自尊，是处理一切问题的基础，是成功人士所必不可少的素质。”每个孩子都有自尊，他们期望得到其他人的尊重，并且会竭力维护自己的尊严。所以与孩子沟通的前提就是尊重他的人格，这样孩子才会同样尊重你，在双方平等的基础上进行沟通才能达到最好的效果。不然，就很可能对孩子造成不良影响，从而使孩子产生逆反心理。

周日，一位母亲带着儿子晨晨在公园和几位朋友闲谈，忽然聊起了孩子的话题，这位母亲就随口说道："晨晨直到 4 岁那年还尿床呢。"朋友立马笑着对晨晨说："晨晨，你这么擅长在床上'画地图'，地理知识是不是特别好啊。"她的话立即引得大家哈哈大笑起来。而此时的晨晨则面红耳赤，羞愧得低下了头。回到家晨晨就和母亲大闹了一场，自此见了母亲的那几位朋友就躲着走。妈妈还十分不理解：哪有小孩不尿床的，再说这也不是什么大事嘛。

综上所述，家长与孩子沟通时，应当注意以下几点：

1. 要给予孩子足够的尊重。

家长要站在孩子的位置上看待事情，很多事在成人眼中无足轻重，但是在孩子眼中却非同小可。我们要做到换位思考，别因为自己的"无所谓"而使孩子的自尊心受到伤害。

孩子和大人一样，都有独立的人格以及强烈的自尊心，都希望得到他人的尊重。况且他们的心智尚未成熟，自尊心一旦被伤害，身心的发展也会受到恶劣影响。

每个孩子的心中都有一些不想被公开的小秘密，所以家长不能处处打探，或者随意向他人泄露，不然孩子就会把自己隐藏得更深。

2. 创建平等的交流条件。

沟通的基础是平等。想成为孩子愿意亲近的父母，就要低下身子来与孩子交流，给孩子倾诉的机会，并给予完全的尊重和信任。想让孩子吐露他心底的秘密或者让孩子认同你的看法，就必须先让孩子接纳你、信任你，而这都需要建立在双方平等的基础上。

在大多数家庭中，父母和孩子之间的交流都是单向的，父母掌握最终决策权，孩子仅仅是执行者。家长完全剥夺了孩子自由选择的权利，即便是在孩子自己的事情上。所以，孩子往往都是心不甘、情不愿地依照父母的指令办事，然而，这样做只会使孩子的逆反心理越来越强烈。要知道，比起严厉的命令，平等的沟通会更有说服力，不仅能锻炼孩子独立自主的能力，还能培养孩子的自信心。

3. 学会鼓励和赏识孩子。

美国心理学家詹姆士说："人类本性上最深切的渴望之一，就是被赞赏、敬佩和肯定。"鼓励能起到出乎意料的激发作用，促使孩子奋进。赏识能给孩子带来动力，以激励他更进一步，争取做得越来越好。

家长在与孩子沟通时，要避免使用消极悲观的言辞，尽可能多地给予他们肯定和赞赏，特别是当着他人的面表扬孩子，更能使孩子产生自豪感和荣誉感，从而加强他们在学习和处理问题时的信心。

4. 父母要做个耐心的倾听者。

在沟通的过程中，倾听和表达缺一不可。如今的孩子"不爱说话"，大多是因为父母的观点完全不符合他们的所思所想。想要孩子听你的话，首先要懂得倾听孩子的心声。父母因孩子表达能力有限、表述不清或者对小孩子谈的话题没有兴趣，就不耐心倾听，这会使孩子感到沮丧和自尊心受创。如果大人学会倾听孩子的需求，那么孩子就不会拒听大人的要求。倾听孩子的诉说有以下几点注意事项：

（1）不要随意打断孩子的话。这是一种礼貌和尊重，随意打断孩子的话会使他失去与你交谈的兴趣，甚至会影响到你们日后的沟通。

（2）要专注、耐心。因为你表现出的态度会直接影响到孩子的言行，而且孩子也会察言观色，你专注、耐心地倾听孩子的谈话，表现出积极的态度，他才更乐意对你吐露心声。

（3）对孩子的问题表现出极大的兴趣。听完孩子的话，要对其中的问题进行分析，引导孩子正确地看待问题，并合理地解决问题。只有你对孩子所讲述的问题表现出极大的兴趣，孩子才乐意对你倾诉衷肠。

5. 选择恰当的沟通方式。

孩子的性格、所处的环境等都是影响沟通的客观因素，而沟通方式则是主观因素。在与孩子沟通的时候，采取恰当的沟通方式，方可取得事半功倍的效果。

有的家长就喜欢翻旧账，孩子一旦出了错，他们就把孩子原先的过错全部抖出来批评一顿。父母自以为反复地批评能够加深印象，希望孩子牢记教训，可往往事与愿违。扑面而来的指责会压得孩子喘不过气来，况且已经改正的错误还要被三番两次提起，孩子难免会产生误解：出了错改也没用，还是会被责骂。如此一来，孩子就不再肯积极改过了。

很多父母还热衷于拿自己的孩子与别人家的孩子攀比，常常抬高别人家的孩子，而贬低自己的孩子。长此以往，孩子就容易自暴自弃，并对父母产生敌对、逆反心理，甚至变得冷漠、易怒，故意和父母作对。

显而易见，不恰当的沟通方式不仅不利于搭建良好的沟通桥梁，还可能破坏家长和孩子之间的关系。反之，如果父母能在生活的点滴中时刻留心孩子的一言一行，寻找一个恰当的沟通方式，那必将达到理想的效果。

陪伴孩子成长的过程是漫长的，而沟通则是这一过程中必不可少的一部分。家长只有学会把孩子当朋友进行沟通，才能让孩子在正确的道路上健康快乐地成长。

用幽默化解代沟

家是心灵的港湾，每个人都期望家庭的港湾温暖而和睦，每当回到家就能感受到家庭的温馨。不论家里住的是两代人，还是祖孙三代，甚至是四世同堂，这都是家庭成员的一个共同的心愿。但一个难以规避的问题却不时地出现在家人的面前，那就是代沟。

鲁迅曾经说过："孩子的世界，与成人截然不同，一味蛮管，就大碍孩子的发展。"

代沟，似乎与生俱来就夹在父母与孩子之间，有的父母希望在孩子面前树立威严的形象，对孩子严厉管制；有的父母却倾向于培养孩子的独立自主，对孩子任其自然。

不管是"严"还是"松"，父母与子女之间好像总是有着难以消除的隔阂。

有的父母为了了解孩子的内心，爱偷偷翻看孩子的日记本，在背地里乱翻他们的东西。这些举动，在家长心目中，是为了关心孩子，了解孩子，让孩子更好地成长。但是，在孩子心目中，父母的这种“偷窥”行为是对他们的不信任、不尊重。于是为了更好地保护自己的隐私，孩子不得不采取一些行动。例如，给自己的日记本上锁，甚至把自己的内心世界封闭起来，如此一来，父母与孩子之间的代沟不断加深，父母想要了解孩子更是难上加难。

父母与孩子之间为什么会产生代沟呢？最根本的原因就是沟通太少。正是因为双方没有得到良好的沟通，才使得彼此的隔阂不断加深。

实际上，如果想真正了解、关心孩子，最好的方法无非是与他们多多交流，和他们打成一片，而运用幽默不失为一种良好的交流方式。幽默不仅可以活跃家庭气氛，还可以消除两代人之间的矛盾和代沟，促进两代人之间的沟通，让生活处处都充满了欢笑。

有一位父亲十分懂得运用幽默，一天，父亲看到儿子又在赖床，就走到儿子跟前说：“俗话说：‘早起的鸟儿有虫吃。’你明白其中的含义吗？”

儿子自然知道父亲的言外之意，却也很机智地反驳道：

“那么，早起的虫子岂不就是太愚笨了吗？”儿子的话里有话，分明就是在为自己睡懒觉找借口。

父亲笑了笑，回答说：“虫子被鸟吃，不是因为起得早，而是因为它们还在睡懒觉。这下你明白睡懒觉的害处了吧？”

这对父子之间的对话既充满了创造力和想象力，又充满了幽默趣味。在你一言我一语的幽默对话中，父亲不仅达到了沟通的目的，还消除了儿子的抵触心理。

剧作家沙叶新非常具备幽默感，他的女儿也有与生俱来的幽默细胞。沙叶新的女儿还在童年时就对“女大不中留”有过一番趣谈，她说：“我对‘女大不中留’的理解就是……嗯……就是女子长大后，不要在中国留学，要去外国留学。”

长大后，她真的去了美国留学。

一次，沙叶新的女儿回国看望父母，和父母提起了同样在美留学的弟弟，说弟弟找了一个黑人女孩做女朋友。母亲听了惊诧不已。

女儿便说：“您难道还有种族歧视吗？这位黑人女孩，风姿绰约，是个大美人呢！”

这时，沙叶新插话道：“我倒没有种族歧视，我就是担忧他们将来给我生个黑孙子，来上海看我们的时候，万一赶上夜里停电，一片漆黑，看不见孙子那不得把我们急死啊！”

女儿立即解释说："这好办，停电的时候你就赶紧叫孙子露出牙齿，不就能找到了！"

在这对父女一番幽默风趣的谈话中，作为父亲的沙叶新展现了他开阔的胸怀与年轻的心态，而女儿可谓更胜一筹，她机敏的回应、狡猾的还击为她与父亲之间增添了欢乐，拉近了双方的心理距离。

在家庭中，有幽默感的父母更讨孩子喜欢，幽默感使年龄上的差距得到淡化，让父母和孩子能像朋友一样愉快地相处。家中常伴幽默，欢声笑语不断，烦恼自然也会逃之夭夭。

有一个10岁的小男孩由于痴迷于武侠剧，整天模仿演员的动作，把家里的搞得天翻地覆，父母为之忧心不已。

一天，男孩在玩具店里又看中了一支"新型武器"，便拽着母亲死活不肯走，而家中的武器玩具早已数不胜数，母亲对儿子的请求头疼不已。而父亲则不紧不慢地弯下腰对儿子开玩笑说："儿子，咱家的军费花销也太大了。如今可是和平年代，咱们将军费充作粮草可好？"刚才还一脸苦相的男孩一下子被父亲逗笑了，于是打消了买玩具的念头，主动拉着母亲的手走出了玩具店。

一个优秀的家长，不会一言不合就对子女的过错和无理要求施加严厉的斥责，因为这样做会使孩子的自尊心受到伤害，甚至激发孩子的逆反心理，从而使父母与孩子之间的代沟不断加深。

为人父母者都希望孩子能够健康成长，而幽默与包容就是促进孩子健康成长的最有利的土壤。幽默体现的是一种乐观豁达的精神，一个洋溢着幽默气氛的家庭能够促进一个良好的教育氛围的形成。

若想解除父母与孩子之间的代沟，就要为孩子营造一个宽松、愉悦的家庭氛围。父母不要总是一副居高临下的姿态，要主动找孩子沟通，并在言谈中加些幽默感、玩笑话，这样不仅能够消除彼此的隔阂，还能让生活充满温馨与欢笑。

聊天课外宝典

与不同的人聊天时应注意以下5点：

1. 回避对方的忌讳。

与老人交谈不能谈及他太老了，与年轻人交谈不能批评他太不懂事，与领导交谈不能指责他没有水平……不同的人有不同的忌讳，你应当回避这些忌讳。

2. 以对方的喜好为话题。

与人聊天总要有个话题，这个话题应该让对方感兴趣，这样才能更愉悦地交谈下去，对方的喜好就是最好的选择。

3. 表达清晰是基本要求。

语言表达清晰对方才能理解，因此这是聊天、说话的基本要求，但这并不简单。倘若你的表达能力不太强，交流时总是出现障碍，那么就可以在告诉别人某件事前先梳理一下，进行预演。随着预演次数的不断增多，你的话就会越来越清晰，与他人沟通起来也就自然多了。

4. 决定沟通效果的是态度。

无论跟谁说话，哪怕对方和你有很大矛盾，都要有一个良好的态度，这很可能对你们的沟通产生决定性的影响。因此，我们要学会掌控自己的情绪，以平和的态度面对一切。

5. 三个万能话题。

在与人聊天，尤其是与不熟悉的人聊天时，可能会遇到不知聊什么好的情况。此时，围绕着工作、生活、事业三个方面展开话题是最容易的。

Part 3

不同的场合，说不同的话

▼

这样面试，万事俱备

自我介绍要亮眼，面试难关巧解决

面试是步入职场的起点，是与未来的领导、同事的第一次公开交谈。在面试中，大多数面试官都会让前来面试的人做一个自我介绍，时间一般都不长，基本都是两三分钟。自我介绍是展现自己的第一环节，也是关键环节，由于“前因效应”的影响，这短短的两三分钟的自我介绍能否出彩，对你能否进入公司、公司领导能否对你产生良好的印象以及之后双方能否交往顺利都有十分重要的影响。

自我介绍是一个绝佳的表现自我的机会，作为面试者，你应当将自己的基本情况介绍给面试官，注意突出自己的长处和优点，尤其是有丰富实际经验的人，更要告诉对方自己的具体优势在哪里，而且为了让你的话语更加可信，最好能将自己曾经所做的项目告诉对方，以此佐证你之前的言论；你应当显示出你的个性，可以适当利用老师和朋友对你的评价，让你的个人形象更加突出、鲜明；另外，在进行自我介绍时，你应当保证你言论的真实性，不能过于夸大，少说虚词和感叹词；除此以外，你的自我介绍应当不超出常规，讲求逻辑，层次清晰，重点鲜明，将自己的优势逐步展现给对方，而不是马上就将自己的优点罗列在面试官眼前。

以下是一位护士在进行某次面试时的自我介绍：

本人于2000年从某省某卫校护理专业毕业，当年7月被分配至某医院，之后便一直在此工作。迄今为止，我曾轮转工作于小儿科、普外科、心血管科和肿瘤科。在2016年8月的全院护士长竞聘上岗选拔中，凭借出色的工作能力成功竞聘为普外科护士长。

自我参加工作至今已经有17年了，这些年来，我一直忙碌在临床护理最前线，深切了解广大患者的苦痛及需求，切身体会到我所从事的这份工作的琐碎及重大责任，也切切实实地感受到了将濒临死亡的生命重新抢救回人世间的喜悦。如今，我正处于工作所需的最佳年龄段，拥有热情周到的服务态度和精湛的技术，尤其是在心理护理及健康宣传方面，我经验丰富，有许多成功的案例。另外，我性格开朗，为人热情耐心，有较强的团队协作能力、有较好的人际关系及较突出的语言表达和沟通能力，对病房管理工作的开展很有帮助，符合我院对管理人才的大部分要求。

我以热情、耐心、关爱、创新为服务宗旨，在我力所能及的范围内尽量满足患者需求。我将以身作则，为其他护士树立起榜样，带领全科护士为患者营造一个安全、优质、温馨、高效的就医环境。

以上这段自我介绍，只是将自己的经历和处世的态度介绍了出来，没有什么亮点，只能算是中规中矩。我们不能说这样的自我介绍有什么不好，但是过于规矩，就意味着没有新意，无法给人一个记忆点，也就注定会被人遗忘。

那么，怎样的自我介绍才能让面试官印象深刻呢？

1. 对自己有准确的把握。

在进行自我介绍前，你需要对自己有一个准确而清醒地了解与认识，明白“你过去是做什么的”“你现在正在做什么”“你将来想要做什么”，你需要了解自己的每一步，清晰地认识自己，准确地把握自己，将自己的闪光点展示给面试官。在具体面试时，首先，你要强调自己与他人的不同，让自己与他人能够明显被区分开，这会让你一下子突显在众多的面试者当中；其次，你要对未来进行合理、具体的规划和自我设计；最后，你要在自己的经历中找到与未来相联系的一点，由此谈起，这会让面试官对你产生更深刻的印象。

2. 迎合对方所想。

当充分地了解自己之后，你可能发现自己拥有很多优点或是很多想与对方说的话。但是对方留给你自我介绍的时间并不会太长，过长的自我介绍可能会在还没说到重点时就被打断，或是唠唠叨叨引起对方的反感，因此你只要挑出与该公司相关的重点内容讲述即可。例如，你去一家汽车公司应聘，你就应该多说那些与汽车相关的知识。

3. 注意内容的排列顺序。

排序是自我介绍中重要的一步，内容的编排方式将决定你能否牢牢抓住对方的注意力。因此，你应当将最想让面试官记住的事情放在最前面，他们通常都会特别注意。你也可以将你的与之相关的作品或记录列举出来，使对方对你产生更深、更好的印象。

巧妙提问，迈好求职最后一步

许多应聘者一路披荆斩棘，眼看只差一步就能抵达成功的彼岸，最终却铩羽而归。其中的原因，与问得不当不无关系。通常情况下，在面试即将结束时，用人单位会让求职者来提问。而求职者能否把握住这个机会，可能会对面试的成功与否产生直接影响。

因此，在当面试官已经表现出对你的赞许或肯定后，如果这样问你："你有什么问题想问我吗？"或是"你还想要了解本公司的哪些事情呢？"那么你一定要把握好这个提问环节，运用一定技巧恰当提问，这样就会大大提高面试的成功率。

在某次面试中，杜先生展现出了出色的能力，面试官对他也很满意。在此次面试即将结束时，面试官对他说："我的问题已经结束了，你有什么问题想问我吗？"杜先生没有预料到这种情况，不知道要问些什么好，于是就公式化地问："贵公司有怎样的发展前景？个人又会有怎样的发展空间呢？"这两个问题一出，面试官就笑着对他说："小伙子，我想，如果你问我'在我到岗的三个月里，公司会怎样衡量我能否胜任这个岗位’这个问题可能会更好。”

很明显，杜先生的提问并不恰当，他所提出的两个问题都是求职者在面试前就应该已经有所了解的问题，提出了这种问题，说明求职者在面试前没有对公司进行基本了解，让面试官觉得你对公司不感兴趣，也没有什么求职的诚意。因此，所有的用人单位都不可能录取一个对公司的基本信息和情况完全不了解的人。

由此可见，面试官最后设置让求职者提问的环节，是想让面试者通过提问来展现自己对这份工作的看重，而不是将面试官问得哑口无言。因此，求职者应该对哪些问题可以提、哪些问题不能提有充足的了解，经过深思熟虑，而后将问题提得恰如其分。

事实上，面试结束前的提问是用人单位特意将主动权放在了应聘者的手中，如以自己能否胜任这一职位为角度提出相关问题，从这一问一答中挖掘出胜任这一职位所需的基本素质和自身还有哪些差距，你就能更好地理解与了解你所应聘的公司和职位，同时，也能对之前陈述中不完善的部分进行补充与纠正，从而更全面地展现自己的真实水平。如果面试官没有正面回答你的问题，你也可以借机强化自己的优势，加深面试官对你的记忆。

提好最后的问题其实也是答好最后一问，这不仅可能锦上添花，甚至可能“起死回生”。想要成功通过面试，在最后的提问中提出能展现自己的决心和工作热情的漂亮问题十分重要。那么怎样提问题才能恰如其分呢？

1. 围绕应聘的岗位提问。

围绕自己所应聘的岗位提问，会让自己明确地得知自己能否胜任这项工作，有明确的改进方向，还能使面试官对你的印象更加深刻。这类问题可以用“如果我成功接手了这个岗位，您有哪些建议呢”“您觉得这个岗位会在哪些方面对我形成挑战”之类的话语来提问，千万不要使用“麻烦您介绍一下这个岗位的行政职责可以吗？我对这方面不太了解”一类的过于直白的话语，这样会使面试官认为你可能是在盲目应聘。

2. 围绕自身进行提问。

无论你应聘的是怎样的岗位，在面试官将提问的主动权交给你后，如果你一时间不知道应该提什么样的问题，也不能以“没问题”作答，你可以选择围绕自己提出相关问题，如：“您觉得我如果想胜任这个岗位还应该在哪些方面进行努力?”“在您看来，对于这一岗位，我还有哪些欠缺?”这样的问题既体现了你对面试官的尊重，又展示了自己谦虚、追求进步的品质。千万不能没话找话，重复提问早已讲明的薪水、假期、福利等情况，这样会起反作用。

总之，面试结束前的最后一问是求职的最后一步，只要了解其真正的含义，恰当地提出问题，迈好这一步，那么你面试成功的概率将会大大提升。

面试问题慎重解，离职原因谨慎答

离开之前的公司后，阿曼一直到处找工作，可都没有理想的。其实，让阿曼最感到头疼的是，在面试时，许多用人单位都会询问离职原因，而她觉得这个问题很难回答。

阿曼离职的原因有以下两点：

第一，经常加班，而且没有加班费。每天工作结束后再乘公交回家已经半夜十一点了，阿曼觉得十分疲劳。

第二，跟某位同事相处得极为不融洽，早就想要离职。

对于离职原因的问题，阿曼每次在面试中被问及时都不知道该怎样回答，如果直接告诉对方自己是因为嫌弃加班太多还没有加班费才离职的，对方也许反而觉得她的工作有问题，如工作拖沓、没有效率之类的，或是觉得你不求上进。可这并不是事实。而如果说是因为个人原因、想换环境之类离职的，可能新公司会觉得你是在随口敷衍，或是有什么难以启齿的事情。

以上案例可以充分地告诉我们，面试回答离职原因时一定要多加注意。

事实上，面试时“你为什么会从原单位离开呢?”一类的问题出现的频率非常高，从你的回答中，面试官能提炼出很多有效信息。所以，求职者千万不能因为这个问题看上去非常简单就疏忽大意。对于那些具有普遍性且大部分人都能理解的原因，如生病、结婚、专业不对口等，可以老老实实地告诉对方。而对于以下这些敏感的原因就一定要小心对待了，否则，你的面试很可能会陷入僵局。

1. 涉及前任上司的问题。

面试时一定不要大肆批评、议论你的前任上司，要知道你面前的面试官可能就是你所应聘的岗位的直属领导，既然你能对他大肆批评、议论前任上司，今后你也很有可能在别人面前议论他的是是非非。一个人想要在社会立足，就要与形形色色的人接触，而挑剔上司可能意味着你适应性的欠缺。

其实面试官心里也清楚，很多人都是因为无法与上司和睦相处而选择离职的。就是他们自己，可能也因为这个原因跳过好几次槽。但是，不会有人想要听到这种原因。

惠普公司的副总裁麦克·李弗尔曾这样说："我不知道为什么有些人想要让我录取他，却又说起他与之前上司的冲突。那就相当于拉响了警报。"不过，倘若你的确是由于难以和前任上司和谐相处而辞职，那么你可以委婉地告诉面试官，并且以冷静、客观的态度，得体地把话讲明。

孟月佳从事文秘工作已经6年了，极富工作经验，工作能力也很强。当面试她的女经理询问她："孟小姐，你经验丰富，工作能力又强，样貌举止也很出众，你的前任上司难道不重视你吗？"孟月佳笑了笑说："大概就是因为我的样貌比较出众，所以才会离开之前的公司。我宁可老板事多累下人，也不想要对方'情多累美人'。我想跟您一起工作，想必也不用担心这个问题。"孟月佳并没有大肆谈论前任上司的好与坏，但一句"情多累美人"既委婉地说明了离职原因又激发起了人们的怜爱之心。最终孟月佳顺利地进入了这家公司。

倘若你是由于领导层频频换人而选择离职，但领导本人并没有什么问题，你也不能随意告诉面试官这个原因。因为你应当做好你分内的事情，顾好自己就可以了，领导层的变动本与你的工作并无瓜葛。你对这个问题过于敏感，显露出了你的不成熟和没有把握好自己的角色定位。

2. 关于复杂的人际关系的问题。

团队精神是所有企业都十分看重的问题，企业要求员工们要能够与别人友好协作，如果你胆怯、避讳人际关系的问题，无法处理好人际关系，对方可能会以为你的心理状况不太理想，当下的心境有些忧郁、焦躁，因此不会录用你。

3. 关于工作压力的问题。

现代社会，尤其是在大城市中，工作、生活节奏都很快，无论是企业内部的竞争还是同行业之间的竞争都十分激烈。而有竞争就会有压力。因此，企业都希望员工能有一个较好的心理承受能力，能够适应环境，干好本职工作。如果你动不动就抱怨之前的公司工作压力太大，令人难以承受，就很可能让眼前的招聘单位丧失对你的信心。

卢东宁之前在某经济报专刊部当记者，这家报社不但对记者每个月要完成的文稿有字数要求，而且还要让记者来拉广告。毕业于中文系的卢东宁对家电市场的行情真的完全摸不着头脑，要专攻这方面的文章，实在有太大压力，而且感觉无从下手。于是他就到另一家报社应聘新闻记者去了。面试官问他：“你是不是觉得之前的报社工作压力太大？我们社其实也有不小的工作压力，你能接受吗？”卢东宁说：“我觉得工作压力大一些没有关系，我还年轻，正是有精力也应该努力拼搏的时候，最重要的是我希望能从事一份可以发挥自己长处的工作岗位。”最终卢东宁成功进入了这家报社。之后，他的文章屡次获奖，没过多久就被提升为新闻部主任。

4. 关于希望转换行业的意愿。

某位 HR 曾说：“被询问辞职时，不要直接回答‘我想换一份工作试试看’。面试官听了通常会想：‘这个人现在都没有给自己规划好发展方向。’”你应该这样回答，根据你的能力、个性和志向来综合考量，你会更加适合这份工作。

在回答离职原因时，我们应当尽量选择那些与工作能力没有直接关系、能被人们理解和接受的原因，这样才能避免给对方留下负面印象，影响面试结果。

▼

如此谈判，旗开得胜

识破对方真实意图，掌握主动权

与客户谈判是人们日常工作的重要内容。现代商务谈判多以磋商洽谈为手段，以双方互惠互利为目的，因而在许多场合，人们都免不了要与对手进行谈判——谈判的实质是通过对对手施加影响，使对手理解或接受己方的观点。因此，我们可以说谈判其实就是一场心理战，谁掌握了主动权，谁就能赢得最终胜利。

兵法有云："知己知彼，百战不殆。"在双方的心理较量中，如果我们能有效地识破对手的真实意图，无疑将会为获得整个谈判的胜利赢得主动权。在某些时候，我们可以利用对手的真实意图施以适当的压力，往往会更容易让对手做出决定，让对手迫于压力接受我们的要求。所以，在谈判中我们要有打好一场心理战的信心，并在心理较量中确定对手的真实意图，以达到我们的谈判目的。

20 世纪 80 年代，我国曾与突尼斯的一家公司就在我国开办化肥厂的相关事项进行谈判。中突双方对这个建设项目都非常重视，双方耗费了大量的物力、财力完成了可行性研究报告，并让相关人员进行了反复的论证，最终选择了具备优良港口条件的秦皇岛作为建厂地点。就在此时，科威特的一家石油化学公司得知消息后便立即表态，愿意参加该项目，与中方合资建厂，并派出了代表谈判。谈判由双方变成了三方，形势变得极其复杂。

让人意想不到的是，科威特一方在谈判开始就断言："秦皇岛并不适于建厂，你们前期的工作都是徒劳的，一切都要从头开始!"此话一出，无异于当头棒喝，我方代表一时间难以反驳，谈判就此陷入僵局。我方代表最初有些措手不及，没料到对手上来就是一个下马威，其目的无非是想先发制人打压我方的气势，以便迫使我方同意他们提出的条件。综合各方信息，我方代表迅速冷静下来，并识破了对手的真实意图：放弃秦皇岛只不过是唬人而已，其真实意图是想以最少的代价征得秦皇岛的土地。如此想来，我方代表便有了对策，顿时心生一计。

我方代表猛地起身发言："为了兴办这个化肥厂，我们安置了一处靠近港口、地理位置优越的场地……许多合资企业都希望得到这块土地的使用权，我们都拒绝了……看来事项要无限期拖延下去了，那我们也只有把这块地的使用权让出去了！对不起，因为还有别的事要处理，我宣布退出谈判，今天下午请你们给我最后的决定！"说完我方代表就离开了谈判室。半个小时后，形势发生了逆转，对方表态："快把代表先生请回来，我们强烈要求迅速征用秦皇岛的土地！"

此次谈判获得成功的关键在于，我方代表有效识破了对手的真实意图：放弃秦皇岛地理位置优越的土地只是个幌子，其真实目的是想以最小的代价征用秦皇岛的土地。于是，我方代表巧妙地利用对方不敢放弃秦皇岛厂地的心理，向对手施压"那我们也只有把这块地的使用权让出去了"。此话一出，果然吓住了对手，正中对手要害，令对手不得不屈服。

在谈判中，我们需要灵活地运用心理战术，提取有效信息，以此来识破对手的真实意图，如此才能掌握主动权，赢得整个谈判。

1. 以静制动，谋定而后动。

所谓以静制动，就是对手不动我不动，静观其变，谋定而后动。在谈判过程中，尤其是在双方僵持不下时，你若四处乱动，那就毫无胜算可言；你若以静制动，便能发现对手的破绽，逐渐将劣势转化为优势。并且在这段时间里，你可以通过分析对手的言行从而识破他的真实意图。如此一来，你就赢得了主动权。

2. 懂得退让，才能识破对手的底牌。

在谈判过程中要懂得退让，若是一味地紧紧相逼，不仅不利于识破对手的真实意图，反而会过早地暴露自己的意图，陷入被动的局面。另外，退让不能一退到底，而是应该一步一步地退让，并且也不能过早地退让，过早退让往往会让己方悔不当初。但在关键时刻若是不肯退让，也往往导致谈判破裂。通常情况下，当对方已经到了退让的最后阶段，我们可以适当地做出让步，以确保谈判得以顺利进行。

关键点在于，如何有效地识破对手的真实意图。在让步时可以做出一些假设性的提议，如，“如果我们降价 5%，您能确定和我们签约吗?”这样既不会让自己受到约束，也可以试探对方的真实意图。

谈判桌上要会打“太极拳”

谈判是一门与人打交道的学问，虽然我们都希望谈判双方能在谈判桌上融洽地会谈，你一言，我一语，顺利地结束谈判，但谈判双方毕竟存在利益冲突，再加上双方不免要进行针锋相对的争论，因此彼此不满意的情况常有发生。在某些时候，如果对方的要求或观点自己完全不能接受，那么我们就应该果断拒绝。

当然，在谈判桌上拒绝对方是非常讲究技巧的。毕竟，谈判双方或多或少都会带有一定的情绪，若是拒绝得过于生硬或武断，就会伤害到对方的感情，导致谈判破裂，这种局面当然不是我们想看到的。那么，在谈判桌上应该如何巧妙地拒绝呢？

最巧妙的方法就是打“太极拳”。太极拳是一种讲究以柔克刚的拳法套路，其特点是当对手非常强时，拳手采用卸力或四两拨千斤的方式予以反攻。在谈判桌上打“太极拳”也是如此，越是高明的谈判专家往往越会“以柔克刚”，巧妙地拒绝对方不合理的要求。

2009 年，四川一家企业曾与日本一家企业进行商业会谈。

最初，这家日本企业自恃财大气粗，态度颇为傲慢。他们向四川企业代表提出：四川企业要提供十套以上的总统套间，他们才会派专家来厂里进行指导。

四川企业的代表一听就知道对方这是在刁难自己，但他们并没有立即说“不行”，而是委婉地回答道：“专家住在高级的酒店，当然是应该的。不过，由于我们那儿去年刚发生过地震，这种高级酒店有倒是有，不过都在安全检查中，是否适合入住，我们也不大清楚。当然，如果贵方坚持要入住，那我们也会尽量安排的。”

听到四川企业代表这样说，这家日本企业急忙表示不必如此，只要酒店安全，符合行业标准，即可安排专家前来。

四川企业代表全程没说一个“不”字，但却巧妙地拒绝了日本企业的不合理要求。其中的关键就在于他们巧妙地打起了“太极拳”——不直接拒绝，而是如实说明实际情况，并表明愿意配合对方的态度。这样一来，日本企业再厉害，它的“拳头”也无处着力。客观条件就是如此，愿不愿意不在我，而在你们的选择。

这种让对方“一拳打在棉花上”的拒绝方法，正是谈判桌上“太极拳”的经典应用。其实如果我们再将思路拓宽一些，就会发现工作中还有很多“棉花”：技术条件、惯例、权限，等等。这样一来，对方就会意识到再坚持也是徒劳，只好放弃自己的无理要求。

要想打好谈判桌上的“太极拳”并不难，我们总结出了几个小方法，以供读者参考借鉴：

1. 使对方自我否定法。

有时，我们在面对非常强势的对手时，不必急于否定对方。不妨通过旁敲侧击的方式提出一些事先经过构思的问题，诱使对方在回答问题时不自觉地否定原来的要求或观点。如此一来，根本不用我们去否定，对方已经主动否定了自己。

例如，有个傲慢的谈判者说：“我们能给的价格就是这样了，这可是市场上最低的，不可能再便宜了。”这时，我们不妨这样反问：“您的公司在进行商务合作之前，一定会进行调查吧？”

相信对方必定会做出肯定回答。这时，我们不妨进一步发问：“我相信比较合理的市场价格到底是多少您也有一定的了解。您也一定非常清楚，对方所说的价格有时候并不一定如此。如果您听到对方的报价就直接决定买或不买，那这笔生意肯定就做不成了。相信您也一定会劝导对方再沟通一番，然后再做出决定，而不是很快地下结论，您说对吗？您和别的公司进行谈判，目的是达成合作，而不是冷战，您说对吧？”

相信对方听到这样的回答，不会再坚持先前的态度，反而会收回刚才所说的话，与你进行进一步的沟通。这时，我们虽然没有明确拒绝，但我们的实际目的却达到了。

2. 先承后转拒绝法。

相信没有人喜欢被否定，因为在听到“不”时，人们的自尊心多少都会受到损害，谈判桌上也是如此。因此，在拒绝对方时，就要尽力降低给对方心灵带来的伤害。这时，先承后转拒绝法就派上了用场。

例如，当对方给出的价格过高时，我们不妨这样与之交流：“没错，一分价钱一分货，你们的产品质量确实非常好，这个价格也确实值得。我想，咱们的科研人员应该大多都是研究生吧？”我们这样说，就等于先给予对方以极大的肯定与认可，同时又引出了对方团队的话题，拉近了彼此的距离。

当我们与对方建立了比较平静、客观的谈话氛围后，我们不妨接着说：“不过，最近我们的资金确实有限，我们也想保证产品的质量，这不仅是对我们，更是对咱们合作商家的共同宣传。所以，您看这个价格能不能再给我们一点儿优惠？

这样，咱们以后还有长期合作的机会！毕竟，我们的品牌慢慢做大了，对咱们都有益！”

因为有了先前的肯定和尊重，对方已经得到了满足，所以当我们再提出拒绝时，对方也会深感我们通情达理，因而更容易接受我们的要求。

3. “移花接木” 拒绝法。

这里的“移花接木”，就是用一种看上去客观的方法，将拒绝的理由转移到别的方面。这种方法与打“太极拳”有些类似，都是委婉地向对方表示自己确实无能为力，这样也能让对方明白其中的缘故。

例如，当对方不断地压低价格时，我们不妨这样说：“非常抱歉，除非我们采用劣质的原材料，把生产成本再降低百分之三十，不然真的没法满足您的价位需求……”这样一来，我们既暗示了自己的产品质量过硬，同时还委婉地拒绝了对方继续压价的要求，这样反而会促成此次谈判的成功。

▼

这样社交，不伤和气

怎样拒绝送到嘴边的酒

当今社会，不得不说越来越多的人愿意把一些事情放在酒桌上说，于是酒变得不再解忧，它慢慢地被赋予了许多其他意义，甚至有很多人用酒来衡量彼此感情的深浅。在工作和生活中，我们免不了要出席一些需要应酬的场合，在这种场合里，最难避免的就是喝酒，如果你千杯不醉、身体健壮倒还好说，不过对于那些不爱喝酒、酒量不好的人来说，在五花八门的劝酒词面前，可就苦不堪言了。那么在对方敬酒的时候，应该如何巧妙地拒绝饮酒，又不会让劝酒的人觉得你不给面子或者故意扫兴呢？通过下面的几个事例，也许可以寻找到方法或经验。

顾海搬进了新家，为了祝贺乔迁之喜，就邀请了几个好朋友到家里，袁羽也在其中。袁羽这个人没什么酒量，喝几杯就满脸通红。在酒桌上，顾海举起酒杯提议和袁羽单独喝一杯，袁羽是知道自己酒量的，也了解顾海的性格，要是接了这一杯，接下来不知道还有多少杯等着自己。袁羽忙起身，一个劲儿地扮笑脸，一个劲儿地说圆场话：

“顾海，这新家不错，真为你感到高兴，酒不在多，喝好就行。”

“咱们都这么熟了，说这话多见外啊。以后经常见面，不必客气。”

“你看我现在红光满面的，可都是沾了你的光呢，真的是……”

袁羽几乎要把所有的好话都说尽了，弄得顾海也就只好作罢，不再纠缠。

在很多需要喝酒的场合里，有些比较有经验的拒酒者，任凭劝酒和敬酒的人说得如何天花乱坠，他总是面带笑容举杯不饮，甚至振振有词，说的话让你一点儿都挑不出错来。这种“笑脸盈盈”式的拒酒方法在运用上最有效果，往往对方在这样的情况下，拿你一点儿办法也没有，最后只能悻悻作罢，换下一个对象。

在顾海的乔迁宴上还有一个朋友是典型的爱劝人喝酒的那一种人，叫二伟。二伟，为人爽朗，尤其爱在酒席上盛情劝酒，欲抑先扬的劝酒术是他惯用的手段，每次都是先举杯走到对方面前，恭维对方是“高人”或直呼“朋友”，之后便开始进入正戏，让对方喝酒。这样一来，对方便有些骑虎难下了，喝吧，自己实在是招架不住；如果不喝，不仅不配做“朋友”，少不得还得自降身价，连“高人”都配不上。

这不，二伟又打算估计重施，劝袁羽喝酒，可袁羽经过几轮不能避开的酒后，实在是撑不住了，表示自己不能再喝了。二伟不肯罢休：“老袁，你这不喝太不给哥们儿面子了吧，俗话说‘感情深，一口闷’，咱们是好兄弟，这一杯，你不喝说不过去了吧。”袁羽便很无奈地说：“你看我的脸，我今儿要是喝了你这一杯，没准就要了我的命了。我怎么可能不拿你当兄弟呢，要是你还把我当兄弟，这杯酒就算了吧。”

二伟看着袁羽通红的脸，也实在是不好意思再劝了，只能识趣地说：“那好吧，下次咱们再喝。”

袁羽的回复其实正好是借力打力，可谓是“以子之矛，攻子之盾”。袁羽并没有直接说自己不喝了，没有直接拒绝喝酒，而是想表明自己是把你当作兄弟，与这杯酒没有关系。

其次，再套用二伟一样的说话技巧，袁羽想让他明白自己的言下之意：我如今已经这样了，你如果坚持要我喝酒也是不够兄弟！这点其实就是抓住了劝酒者的一个语言上的漏洞，劝酒者用兄弟做借口，想要用喝酒作为一个看得到的东西作为依据。他们的共同心理其实就是喝也罢，不喝也罢，口头上都必须承认是朋友，是兄弟。那么拒酒者便很聪明地抓住这个弱点予以回击，你来我往，都是建立在朋友的基础之上。那么最后，劝酒者碍于“朋友”的情面，不得不就此作罢。

乔迁宴上，二伟在袁羽那里碰了一鼻子灰，便开始去找小白。二伟好长时间没有见到小白了，于是说什么也要拉着小白痛饮三杯，小白推托说：“二伟，谢谢你的好意，我心领了。不过，真的是遗憾啊，我最近一段时间身体不好，正在吃药，滴酒不沾好长时间了，只好请老朋友你多多担待了。不过好在来日方长，找个时间，咱们一醉方休，好吗？”

小白的话一出，二伟也没再说什么，见好就收了。

能在一个酒桌上喝酒的人肯定多多少少都是相识的，能举杯相敬的肯定也是相熟的人，敬酒大多是为了联络感情，如果坦诚相告自己的情况，再配上得体的语言，他人自然可以知道你的真诚，不会再咄咄相逼。这样完全就不用担心会驳了对方的面子，并且还能让自己舒服，一举两得。

一次，在婚宴上，当酒宴进入高潮时，其中一桌宴席上有一位酒量不小的宾客似醉非醉，侃侃而谈，言辞上有些咄咄逼人，偏要请三位上座的来宾合起来喝一瓶酒。面对那位宾客的纠缠，其中一位上宾从容地站起来说：

“想要问您一个问题：‘三人行，必有我师焉。’是不是孔圣人说的呢？”

“没错。”宾客随即回答道。

上宾又问：“你刚才是要求我们三个一起喝，是吗？”

宾客笑着答：“是的。”

上宾见其已经不出所料上钩，便说：“既然连古人都说了‘三人行，必有我师焉’，之前你要求我们一起喝，古人的话肯定是有道理的，那么现在你就是我们最好的老师，那就请你先来做个示范，喝一瓶，怎么样？”

宾客听完之后，直接愣住，压根儿就没有想到上宾会给他突如其来的一击，让宾客一时之间束手无策，无言以对，只好作罢。

上宾没有一上来就指责对方的无礼，也没有和他计较要求是否合理。而是循循善诱，巧设圈套，反守为攻。而宾客在不明就里的情况下就落入了上宾的圈套中，反之，上宾在不动声色之间就化解了危机。这就好比是在作战一样，先设下一个局，步步引诱，静观其变，等待时机，一旦时机成熟，抓住对方语言上的漏洞，反守为攻，使对方无言以辩，从而回绝。

自古以来，饮酒是为了助兴，而不是败兴。在酒席上，为了增进彼此的感情，熟络一下，可以借用酒的力量，不过，只是为了让对方喝醉、喝倒，这只能说是一种低级趣味劝酒，没有可取之处。而作为被劝者，也应该清楚自己的酒量，量力而行，该拒绝的时候要懂得拒绝。

酒宴之上，说话要谨之又慎

俗话说："对酒当歌，人生几何。"在宴席上喝酒本身是一件值得开心的事情，但切不可忘乎所以，百无禁忌。一个人需要知道自己的酒量，以免酒后失德。

何东在一家汽车公司做销售工作，一次，经过团队的不懈努力，拿下了一个大单，老板很是欣慰，决定在晚上举行一次聚会，犒劳一下职员。老板订了一家比较高档的酒店招待大家。在席间，老板说要给何东团队放假，还提供了免费的旅游券。大家听说可以休假，都喜上眉梢。酒到正酣时，老板举杯："今天大家都要玩得高兴，都别拘束，咱们今天都要畅所欲言，不醉不归。”

同事们你一言我一语，聊得很开心。何东喝得有些多了，倚靠在椅背上，有些醉意，看见大家聊得十分开心，而老板也一副乐呵呵的模样。他晃晃悠悠地站起来，突然说了一句：“老板啊！不是我说你，你也太小气了！咱们加了那么久的班，好不容易给公司拿下了这么一个大单，连个鲍鱼龙虾都没有，就想把我们打发了啊？”

何东一说完，酒桌寂静一片，他一下子就发现气氛不对了，同事们都面面相觑，老板脸上也霎时间没了笑容。好在坐在旁边的小董把他拉下来坐下，还及时说了一句：“何东哥这是喝多了。”

老板没有说什么，大家又继续聊起来，但何东便坐立难安，不敢再说一句话了。

在酒宴上，虽然气氛放松，说话可以不必一本正经，但是还是不能忘记，任何时候说话都是一种礼仪，不能不经过大脑张口就来，失了分寸，不顾礼数，不计后果。这样很容易得罪他人，并且会给自己带来麻烦。在酒宴上说话要会察言观色，尽量保留说话的余地。

那么如何做到在酒宴上得体地说话呢？下面有几点，大家不妨借鉴一下。

1. 酒宴上要懂得察言观色。

什么事情都要讲究“三思而后行”，你说出的话不能完全按照你的心意来。比如：对方在席上忙着招呼客人，你就长话短说，不要絮絮叨叨、没完没了；如果你想与对方谈笑风生，不妨等对方闲下来的时候再与之交谈。

另外，我们说话做事，还要分清楚场合，要学会察言观色，看清楚周围的气氛是否协调。在喜庆场合你要说祝贺的话，在悲痛场合要说安慰的话。

鲁迅先生有一篇散文《立论》，其中有这么一段故事情节：孩子满月的时候，家里人都很开心，抱着孩子出来给宾客们看。每个人忙道喜，讨个好兆头。其中有一个人说：“这个孩子将来要发财。”主人听了感到很高兴，并感谢他；又有一个人说：“这孩子将来要死的。”主人听了很不高兴，这个人遭到大家的一顿痛打。

故事里面说的“这孩子将来要死的”，这句话实际上并没有错误，每个人都有生死轮回的那一天，但是对着一个新生的孩子说，势必是不合时宜的。家里添了新成员显然是件开心的事情，氛围是开心和欢乐的，新生的日子谈“死”显然是与气氛不协调。如此看来，这人遭受暴打也只能说是咎由自取了。

2. 不要小声议论，放在明面说。

很多事情都是说者无意，听着有心，大多都是捕风捉影而产生的误会。那么在酒桌上，忌讳之一便是和左右窃窃私语。大家都是朋友，如果一两个人一直交头接耳，还有说有笑的话，那么在同桌的人看来很容易就误会，你们是不是在说桌上某某的坏话，在一起嘲笑他人。如果有些话无伤大雅，不如大声地说出来，有什么可笑的事情，不妨让大家一起笑笑。

3. 注意语言的组织。

一句话可以让两个人的关系一瞬间拉近，一句话也能让两个人当场掀桌子翻脸；一句中听的话会引起共鸣，一句不好听的话会引起共愤。因此说话前要学会组织自己的语言，让语言尽量变得巧妙，只有这样才更容易被人接受。

比如，酒桌上甲乙两个朋友聊得特别开心，酒过三巡，甲突然对乙说："喝酒喝得这么痛快，怎么求你办事的时候没见你这么痛快过啊？"乙听了当场翻脸，两人开始各翻旧账，结果闹得不欢而散。也许甲不过是正在兴头上想要调侃一番，不过乙却当了真。

同一个意思可以用不同的语言来表达，如果改成这样说：

“这喝酒其实和做人有着一样的道理，来，我希望你啊，越来越能喝，越来越痛快。”那结果一定大不相同。

酒宴相对其他场合而言，既紧张又放松，看似随和、亲切，但却有很多讲究，所以，在酒宴上说话一定要谨慎，千万别给人留下失礼的印象。

谁说下逐客令不可以有人情味儿

常言道：“有朋自远方来，不亦乐乎。”的确，三五个好友相聚在一起谈天说地，确实是人生的一大乐事，不过，不要忘记“谁知对床语，胜读十年书”的道理。每个人都需要一个独立的空间，都需要拥有自己的私人空间，不被他人打扰，用来缅怀过去，思考当下，畅想未来。每个人都有偏安一隅的权利和自由，独处对于一个人来说很是重要。

不过，天不遂人愿的时候很多，你想要独处的时候，你的朋友偏偏来找你高谈阔论。这时，我们就会面临两难的选择。下逐客令的话，不免会伤及俩人之间的感情，可隐忍不说，自己又是十分纠结难受。

高奇近来便是处在这样的境地中。慕容和高奇初中的时候便是同桌，两个人断断续续来往有十多年了，关系一直非常要好。慕容因为家境清贫没有上过大学，不过他人很上进又能干，年纪轻轻就自己开了一家服装加工厂，高奇在考研期间没少受他的接济。因此，在高奇的心里，慕容对他很是重要，一直拿他当恩人看待。

高奇的公司有定期的晋升制度，只要通过考试，就能升任部门经理，工资也会随之上涨很多。高奇在公司工作的这段时间一直兢兢业业，很受领导的赏识，所以，领导鼓励高奇，让他在忙完手头这个项目之后，不必急于接下来的工作，可以先把手头的工作放一放，留出充分的时间，安心准备考试。高奇知道这次考试的重要性，为此他还花钱在培训学校报了个班，计划把周末的时间好好利用起来，争取能抓住这次晋升机会。

这天晚上，高奇正在培训学校上课，便接到了慕容的电话，在电话里，慕容喝醉了，还说自己和老婆吵架了，在酒吧喝酒，不想回家，想让高奇去陪他喝酒。高奇不放心慕容自己在酒吧，只好跟老师请了假，直奔酒吧把他接回了自己家。

慕容酒醒之后，表示目前不想回家，妻子跟自己正在冷战，家里的气氛压抑，想在高奇家里住一段时间。高奇答应了下来。原本高奇以为慕容在自己家里最多就是住一周，没承想，慕容在家里一住就是一个多月。在这期间，慕容对回家的事只字不提。

高奇每天下班之后，都想要准备一下考试的内容，不过慕容总会拉着高奇谈自己创业的不易以及婚姻里种种的琐碎。以前高奇很爱听他讲这些，每次听他说的时候，能悟出很多道理，有时还会热血沸腾。可是眼下，高奇有更重要的事情要做，时间对他来说很宝贵，所以他一点儿耐心也没有，完全听不进去慕容的话。

另外，慕容这个人特别喜欢看球赛，每次看还总是会把声音开得很大，这样才能尽兴。而高奇喜欢安静，所以，每到这时候，高奇特别想打开房门劝慕容回家，可是一想到十多年的交情，想到之前慕容对自己的帮助，高奇就又放弃了，他开不了口。高奇很是无奈，为了有时间准备考试，只好跟慕容撒谎称最近公司接了个项目，自己是负责人，有些忙，每天都要加班，实则是一个人躲在办公室备考。

我想我们很多人都曾遇到过高奇这种两难的境遇，如果舍命陪君子，自己的生活就会是一团糟；如果拒绝，自己又不知道这个逐客令怎么下好。那么遇到这样的情况我们该怎么办呢？最巧妙的办法就是适当地运用一些婉转高超的语言技巧，将“逐客令”说得美妙动听，既不挫伤朋友的自尊心，又能让他理解到你的难处，知趣地离开。下面的几种下逐客令的方式，我们可以借鉴。

1. 以婉代直。

如果你真的没有空闲的时间来与来客闲聊，不妨用婉言柔语来提醒，让对方知晓自己此刻的情况，知道自己的不便，那么之后他就会识趣地离开。比如，你可以这样说："这样吧，今天晚上我请你吃饭，咱们好好畅谈一番，想说什么就说什么。不过我事先声明，明天我就要开始备战我的会计职称的考试了，我已经努力好几个月了，这几天差不多就要考了，我可得再努力准备准备，争取这次可以一举拿下证书。"这样的话，既不用残酷地直接拒绝，也可以让朋友知晓自己的苦衷。

2. 以疏代堵。

喜欢拉着人闲聊，并且没完没了的人，大多比较清闲，没什么事情可做。其实你可以改用疏导法，引导或者支持他有计划地去完成一些事情。这样一来，等他找到自己喜欢的事情的时候，就无暇光顾你这里了。

小房的爸爸今年快 **70** 岁了，从单位退下来之后，就没什么事情可以做，每次小房下班回家，爸爸要么是拉着小房聊天，要么是抱着自己的棋盘找他杀几盘。而且老爷子很敏感，只要小房表现出一点点不耐烦，他的脸就会立刻耷拉下来，特别伤心。没办法，小房只能顺着他。不过小房也有自己的事情要做，一直这样下去可不是一个长久之计。一天，小房看到了市里准备书法大赛的广告，于是计上心来。

小房在吃饭的时候，便趁机说了这件事。

“爸，您知道吗？咱们市里准备书法大赛呢，您说您写得一手好字，又有这么多年的功底，不去参加大赛实在是太可惜了！”

老爷子听完之后很是受用，大笑着说：“小子，还真不是跟你吹呢，我练了几十年的字呢，不过，好长时间没碰了，手生了，人老了不中用了。”

小房一看有戏，便继续说道：“没事，现在离比赛还有一个多月呢！您好好练练，肯定没问题！”

于是老爷子在小房的不断鼓励下报了名。之后的时间里，小房每次回家，都看见老爷子在屋子里练习书法。后来老爷子不仅在比赛中得了奖，还创办了一个老年人的书法俱乐部。这么一来，老爷子每天都有干不完的事，小房再也不必担心被打扰了。

▼

如此销售，订单炸裂

别忽悠了，顾客不吃这一套

销售，就是发现并满足客户需求的过程。基于此，良好销售提问技巧的锤炼就具有显著的意义。

王太太想买张床，于是，她进了一家品牌店。

导购小姐急忙迎了上去，热情地说道："太太您好，是买床吧？"

王太太点头道："是啊！"

导购小姐说道："太太，您看看这款……现在购买的话还附赠大礼包哦！"

王太太询问道："这款的价格是多少？"

导购小姐答道："不贵不贵，只需 4999 元。"

王太太笑道："我再看看。"说完，王太太就离开了这家店。

王太太逛到了另外一家店。

导购小姑娘热情招呼道："太太，您来看床呀？"

王太太点头："是啊！"

导购小姑娘问道："您买床是自己睡还是家人睡呢？"

王太太回答道："父母马上就要从老家过来与我一起住了，所以想买张床。"

导购小姑娘以关切的口吻说道："哦，您是给老人买的啊！请问，老人家的腰椎可好？"

王太太说道："老人嘛，总会有些腰椎方面的毛病。"

导购小姑娘："哦，这样的话，我建议您还是为老人挑硬板床为好。睡硬板床，可以有效减轻体重对腰椎的压迫……"

导购小姑娘带着王太太走到一款硬板床旁边，说道："这款硬板床就非常适合老人的需求。您不妨躺上去试一试！"

王太太躺在上面试了试，感觉非常满意。于是，王太太询问道："这款床的价格是多少？"

导购小姑娘答道："这款床限时优惠，目前只需 3888 元，非常划算的！"

这价格在王太太的心理预期之下，王太太并未仓促决定购买，而是这样说道："我先转转看，对比一下，待会过来再买吧！"

后来，在对比了好半天之后，王太太还是决定购买导购小姑娘推荐的那款硬板床。

很多销售员都存在这样的认知误区：只要善侃，就能侃得客户心悦诚服、侃得客户俯首帖耳、侃得客户乖乖就范。于是乎，在现实销售场景中，我们也常能看到，一些销售员牢牢掌控着话语权，不容客户插嘴。结果呢，客户极少有吃这一套的。当然，客户又不是3岁孩童，能任你玩弄于股掌之间。事实上，将客户当傻瓜的销售员，才是真正的愚蠢。

从上述案例中可以清楚地看到，导购小姑娘之所以能成功地完成销售，就在于小姑娘经由巧妙地提问，不仅让客户讲出了内心的真实需求——为父母而消费，而且在问答之间与客户建立起了良好的情感牵连——为老人选择适合的产品。所以说，要想实现成功的销售，既要销售员具备良好的口才，也需要销售员精通销售提问之道。

那么，在面向客户进行销售的时候，销售员该如何进行卓有成效的提问呢？

1. 提让客户说“是”的问题。

销售员若是能巧妙设置一系列让客户必须回答“是”的小问题，经由步步引导、层层推进，客户在最终回答是否该签单的问题上怕也是难说一个“不”字。

销售员：“我非常荣幸能与您有这次的交流机会。我想，您一定非常希望提升贵公司的营业额吧？”

客户：“那是当然！”

销售员：“既然如此，我们公司的这款产品或许就能很好地帮助您实现这样的目标。您一定非常渴望实现您的目标吧？”

客户：“是的。”

……

不难想见，上述案例中的客户的抗拒心理迟早会被销售员一点一点地消磨干净。巧妙设置问题，让客户一路说“是”，能有效驱使着客户跟随销售员的推销逻辑，逐而深陷销售员设置的“思维陷阱”，并最终做出切合销售员根本意图的签单决定。

2. 提让客户意想不到的问题。

出其不意，才能让对方措手不及，也就能乘虚而入。在销售过程中，出其不意提问方式的运用，更多的是为了调动客户的好奇心，从而有效驱动客户的购买欲。

销售员敲开了客户的门，开口问道："请问，您家里有非常高端、智能的空调吗？"

销售员这突然的一问，显然在男主人的意料之外，男主人愣住了。

回过神来的男主人扭头向屋子里的妻子询问了一番。

妻子显然被这个没头没脑的问题激发了好奇心，于是跑到门口对销售员说道："家里自然是有空调的，但算不得高端吧！"

销售员接了女主人的话道："我这里就有一个高端的。"说着，销售员便从随身公文包里拿出了一份有关空调的宣传册。

最后，夫妇俩从销售员手里订购了一台其所推荐的空调。

不妨想一想，若销售员敲开客户的门后，直接就推销自己的产品，那么极有可能会被男主人拒绝。而正是销售员不按常规，提出了一个出乎客户意料的问题，才有效地展开了下面的销售沟通，并最终实现了对客户的推销。

销售有忌语，一失足成千古恨

在向客户进行推销的时候，销售员一定要注意与客户交谈时的一些忌语，以免惹恼了客户，从而导致销售的失败。

一个客户才踏进店门，导购员就扯开了嗓门大喊道："欢迎光临，欢迎光临。我们店铺正在做钻石节活动，优惠多多，欢迎选购！"

客户说道："我只想看看黄金首饰。"

导购回道："我觉得吧，您年纪轻轻的，戴黄金怕是不合适。您不妨看看钻石饰品，戴起来既显活力，又能很好地彰显品位！"

客户心想："你的意思是说我老土咯！我喜欢什么难道要你说了算？"于是，客户冷眼扫了导购一眼，愤然离去！导购呢，一脸蒙地注视着客户离开的方向，久久没有回过神来！

导购建议客户选购钻石饰品，这可以理解，毕竟导购也有业务压力。然而，导购在话语上却犯了大忌，流露出了对顾客倾心的黄金首饰的鄙夷意味。这当然会引起客户的不适感，自然就会招致推销失败的结局。

话语的威力是巨大的。有时，一语戳心，直接就能抹杀人与人之间的情谊；有时，一语暖心，陡然就能升华别人对你的爱意。对于销售员来说，事业的成败很大程度上就取决于其语言话术运用的优劣。

那么，有哪些销售忌语是销售员必须注意的呢？

1. 不谈隐私问题。

作为一个优秀的销售员，是要能找到客户内心深处的真实需求，而不是去挖掘客户的内心隐秘。触碰客户的隐私，是一种愚蠢而无礼的行为，而且，客户没有义务、也不会满足你的这份猎奇心理。销售员要时刻铭记自己的目的：你的所有行为都是为了成功地实现对客户的销售。然而，你所探知的客户隐私于你的销售而言毫无意义。既然如此，你又何苦冒着惹恼客户的风险去向客户询问这种毫无价值的问题呢？所以，销售员要切记，勿谈隐私问题。

2. 少问质疑话题。

在与客户沟通的时候，你是否常向客户抛出一些诸如“你懂吗”“你知道吗”“你明白吗”这样的问题？设身处地想，当别人以这种说教与质疑的口吻来询问你的时候，你会做何感想？毫无疑问，当你这般毫无分寸地询问你的客户时，必然会激起客户的反弹情绪。

若你确实担心客户没有听明白你的见解，你不妨以试探的口吻去询问客户："您有没有需要我再详细说明的地方？"如此这般，客户就能更容易接受你。

3. 不说夸大之词。

为了一时的成功销售，而故意夸大你所推销产品的功能，或许能蒙骗客户一时，但绝骗不了客户一世。当客户意识到自己受骗之后，你的麻烦也就来了。任何产品都存在自身的优势与不足，成熟而睿智的销售员所做的就是客观地帮客户分析产品的优劣势，让客户自我去权衡与选择。谨记，任何的夸大之词都是一种欺骗，而任何的欺骗都是销售的天敌。

▼

求人办事，别犯糊涂

礼貌请求，别人才乐于帮助你

俗话说："礼到人心暖，无礼讨人嫌。"在日常的人际交往中，礼貌是拉近双方关系的桥梁，也是事情成败的关键。如果我们在求人帮忙时，能够使用礼貌语言，或许就能够让对方敞开心扉，对我们施与援手。

抗金名将岳飞麾下有一员猛将叫牛皋。一日，牛皋要去校场查看士兵的操练情况，但他不知道路该怎么走，于是便向路边的一位老人打听路况。只听他扬声喊道："喂，老头儿！爷问你，去校场走哪条路？"老人闻言，颇为不悦，没有搭理牛皋。

不久，岳飞也来到此处，向那位老人打听去往校场的路。岳飞上前施礼道：“请问老人家，哪条路通向校场，还望您不吝指示！”老人见岳飞彬彬有礼，就欣然地给他指了路。

岳飞和牛皋都向老人问路，一个凭借恭敬取得了成功，一个因为无礼惨遭无视。相同的请求内容，由不同的人以不同的方法、语言表达出来，获得的结果竟大相径庭。足见懂礼貌的人更受欢迎，也更容易在人际交往中获得成功。

礼貌地表达自己的请求在人际交往活动中意义非凡。那么，在现实生活中，我们应当怎样有礼貌地表达自己的请求呢？

1. 委婉请求。

借由间接的表达方式，用商量的口吻表达自己的请求，这样不仅委婉，也更容易为人接受。比如：“你可以尽快帮我办一下这件事吗？”就比“快给我办好这事儿！”更加礼貌，更加容易获得对方的帮助。

你还可以恰当地使用一些缓冲词语，如插入语、附加问句和状语从句等来缓和说话的语气，减轻话语的压力，避免冒失，维护好对方的面子。比如：“不知你能否将这本书带给他？”就比“把这本书带给他！”显得更有礼貌。

2. 松弛请求。

提出请求时可以表现出不大相信能成功的意思，以给彼此留下充分考虑时间。请对方给予帮助或建议时，若是话语里能够流露出他没有相关条件或意愿，自己就不强人所难，也会使自己看起来有分寸感。

3. 述因请求。

表达请求时，如果能够讲明其中的缘由，不仅会使请求显得合情合理，也会使人乐于为你提供帮助。比如："隔行如隔山，我完全不清楚人家那边都有哪些规矩。你是内行人，可以帮我一下吗？"

4. 缩小请求。

一般来说，人们在表达一些请求时偏于把事情往小了讲，这并非是在变相地使唤人，而是为了给对方的心理减压，并有助于自己开口。你可以尝试着将自己的要求说小些，以达到自己的目的。

5. 谦恭请求。

向他人寻求帮助时，最传统也最有效的一种做法就是尽可能地表达敬意，让对方感觉自己很受尊重，从而乐于为你效劳。你可以借助自降身价的方式来提出请求，让自己看起来谦恭有度。比如：“您老就别推托了，徒弟们可在恭候着您呢！”

6. 自责请求。

在日常的人际交往中，如果在某些时刻、某些场合并不适合去打搅别人，而又不得不去麻烦别人的话，这时你就要懂得表示歉意，请求对方的谅解，这样才不至于使自己显得冒失。

你要先表示自己此时提出请求确实不妥，然后说明迫于形势不得不为，让对方觉得你真的是出于无奈才来向他求助，比如：“此番前来打扰您，实属不该，可我真的无路可走，不得不麻烦您了。”

7. 体谅请求。

求人相助的一个黄金法则就是充分谅解对方，这不仅要表现在实际行动中，也要体现在言语里。做到这一点，你首先就应表示自己理解对方的心情，然后说出自己的请求或想法。比如：“我也清楚你手头吃紧，但我真的没别的法子了，只能跟你一借。”

8. 乞谅请求。

请求谅解是用礼貌语言展开交际的有效方法之一。现实生活中，人们总是以这种方式与他人展开交流，而且显得格外友好、和谐。

你可以先向对方请求谅解，然后说出自己的想法或要求，避免冒失。比如："恕我莽撞，此番又来打搅您。"

恭敬有礼地表达自己的请求，是一个人有涵养的表现。古人有云："敬人者，人恒敬之；恶人者，人恒恶之。"在人际交往、求人办事的过程中，如果能够多说一些礼貌性话语，定会取得良好的效果。

求人帮忙，哪些忌讳不能碰

现实生活中，有些人之所以请人帮忙处处碰壁，一个重要的原因就是触犯了求人办事中的一些忌讳。比如说话不注意分寸、拉不下面子、态度过于僵硬等，都会引起对方的反感和不快，从而使事与愿违。

阿文和阿杰在一次饭局上相识，只能算是点头之交。突然有一天，阿文去拜访阿伟。原来阿文开的公司因为欠款太多，资金链断裂，面临倒闭的风险，而阿杰正好在派出所工作，所以阿文找到阿杰，说明来意，希望他帮忙追回欠款。阿杰当时并未应承下来。于是接下来的时间里，阿文又多次找到阿杰，强行要求他利用职权向欠账者讨债。阿杰表示："这不合法，我不能利用自己的身份去干涉你们之间的债务纠纷，不过我可以为你找个好律师。"面对阿杰的拒绝，阿文就像打不死的小强一样，总是有空没空地去"骚扰"阿杰，严重影响了阿杰的工作和生活。忍无可忍之下，阿杰一张状纸将阿文告上了法庭。

俗话说："己所不欲，勿施于人。"阿文不明白这个道理，不懂得站在阿杰的立场考虑问题，而是一味地强求，最后不仅没有得到阿杰的帮助，把自己也搭了进去。可以说，正是阿文不懂得规避求人办事中的忌讳，才把事情搞砸了。

求人帮忙是一门高深的学问，里面有着诸多禁忌，那么，有哪些事项需要我们注意呢？

1. 把握尺度。

凡事都要把握一个尺度，求人办事亦是如此。按照关系的亲疏度来把握说话的尺度，绝不可以肆无忌惮、不分亲疏。不然的话，你就会让人觉得虚伪。

2. 不要说一些情绪沮丧的话。

求人帮忙时，如果讲一些沮丧的话，很容易产生一种压抑的气氛，使对方反感、不悦，进而造成双方话不投机。所以，表达请求时，一定不要流露出负面的情绪。

3. 不心急，要有足够的耐心。

求人遇冷时，人的第一反应大概都是烦躁、沮丧、恼怒。但是，这些都无益于事情的解决。你要做的是保持理智，忍耐下去，静候转机的到来。

4. 态度亲和，保持谦虚。

求人帮忙时一定要放下架子，不要表现出一副高高在上的姿态。另外，也别卖弄自己，大肆炫耀自己的学识，满口对方听不懂的专业术语，这样只会招致对方的反感。我们要谦虚、亲切地表达自己的请求，以博得对方的好感。

5. 不要勉强他人。

求人帮忙一定要考虑对方的能力大小，要懂得礼节。如果对方确实爱莫能助，那么千万不要强人所难，不要蛮横霸道、胡搅蛮缠，否则将得不偿失。

6. 切忌命令他人。

求人办事，一定不能采用命令的语气，就算双方关系再亲密，也要注意措辞。比如“你这几天必须给我解决这个难题”“这事你务必帮我办好”等，这样的话充满了胁迫感，实在令人反感。你可以这样说：“望你能尽量帮帮忙。”给人留有思考的余地，才不会把自己置于尴尬的境地。

聊天课外宝典

面对不同场合有不同的说话方式：

1. 自己人场合与其他人场合。

对内与对外肯定会有一定的区别。在和自己亲近的人说话时，可以谈天说地甚至说些放肆的话；而对不是很亲近的人，通常都是公事公办，聊天内容也有所选择。遵循内外有别的界限谈话，通常被认为是恰当、得体的。

2. 正式场合与非正式场合。

在正式场合中，交谈、讲话都必须严谨，做好事前准备，不能信口开河。而在非正式场合则可以放松身心，轻松地交谈。有些人不管哪种场合都显得庸俗或是过于文绉绉，就可能是没有认清楚这两种场合界限的缘故。

3. 欢愉场合与悲伤场合。

一般来说，说话内容要符合所处场合的气氛。当别人办喜事时，不能讲煞风景的话；在别人难过时，不应表现得特别开心，否则，很可能引起别人的反感。

4. 宜多说的场合与不宜多说的场合。

如果对方很忙，那么就尽量减少打扰对方的时间，讲话要更加简洁。如果对方想与你进行深入交流，你却不怎么开口，谈话也无法正常进行。